Günter Obergruber

AF672620

Opi forever young
So war's und nicht anders

Günter Obergruber

Opi forever

So war's und nicht anders

Rediroma-Verlag

Bibliografische Information der Deutschen Nationalbibliothek:
Die Deutsche Nationalbibliothek verzeichnet diese Publikation in der Deutschen Nationalbibliografie; detaillierte bibliografische Daten sind im Internet über http://portal.dnb.de abrufbar.

ISBN 978-3-98527-378-2

www.rediroma-verlag.de
16,95 Euro (D)

Vorwort

Günter, oder „Opi", wie Kenner der Szene ihn nennen, hat seine Drohungen wahr gemacht und ein zweites Buch verfasst. Ja, es musste sein, denn versprochen ist versprochen. Außerdem war noch nicht alles gesagt, was es zu sagen gab. Dieses Buch ist keine Fortsetzung oder gar ein zweiter Teil, nein, es sind neue der alten Geschichten, die unbedingt noch erzählt werden sollten. Natürlich sind wieder fast alle Leidenschaften Opis vertreten, wie die graue Vorzeit des American Football, die schmerzlichen Geschichten der Verletzungen, aber natürlich auch vieles aus der Bikerzeit, die ihn am meisten prägte.

Neu hinzugekommen ist das Reifen seines Charakters, das finden seines Ankers, der sein Leben endlich in geordnete Bahnen brachte und sein Überleben bis heute sicherte. Einige dunkle Kapitel beschreiben aber auch die Zeit, die ihm schwer zu schaffen machte.

Aber egal, wie scheiße oft so manche Zeit war, Opi verlor nie seinen Charme, seinen Witz und seine Menschlichkeit. Seinen Lesern verspricht Opi wieder viel Spaß beim Lesen und dem Nachdenken über den gefürchteten Wortwitz.

*Wenn du bis jetzt durchgehalten hast und noch liest, kannst du den Rest auch gleich lesen. Ich verspreche, dass dir bis zum Schluss nicht langweilig wird. Wenn doch, dann bist du wahrscheinlich ein Mensch, der weder Spaß noch gute Sprüche versteht. Möglicherweise könntest du aber auch ein *Analfabeth* (Mund des Allerwertesten, der mit richtigen Buchstaben nix anfangen kann) sein. Aber dafür kann ich auch gerne Seminare anbieten, die da sicher weiterhelfen.*

Demjenigen, der den gepflegten Humor liebt, wünsche ich von Herzen viel Spass beim Weiterlesen.

Dein
Opi

Danksagung

Ich möchte mich bei folgenden Menschen gerne bedanken, die es mir möglich machten, die „Opi-Saga“ zu schreiben:

Dem MC 8 ½, der lange Zeit meine Heimat war und mich zu vielen Geschichten inspirierte.

Geggi und Lois, die mir Fotos zu Verfügung stellten, die mich an Erlebtes erinnerten

Meinen Footballkollegen, mit denen ich sportlich einiges erlebte.

Meinen Ärzten, die mich nach meinen Hoppalas immer wieder so halbwegs herstellten.

Jürgen „Der Buch“, der mich ermutigte, aus Worten Buchstaben zu formen.

Am allermeisten möchte ich mich bei meiner Frau Regina bedanken, die viele Stunden auf mich verzichten musste, damit ich meiner Leidenschaft, dem Schreiben, nachgehen konnte und die mich auch bei der Auswahl meiner Geschichten tatkräftig unterstützte.

Danke

Opis World guenter.obergruber

Inhalt

Ursprung meiner Leidenschaft

Ich wuchs in einem kleinen Dorf im Mostviertel auf. Damals war es der Brauch, dass man entweder Landwirt oder ein fleißiger Arbeiter in einem kleinen Betrieb war. Als ich in diesen schönen Ort reingeboren wurde, wusste ich noch nicht, was es werden sollte. Schon bald entschloss ich mich für keines von beiden. Ich wurde lieber ein „schwarzes Schaf".

Früh merkte ich, dass ich nicht das gängige Modell eines hiesigen Landeis war. Ich interessierte mich schon bald für alles, wofür unser kleines Dorf nicht stand, Motorräder und anders sein. Schon als kleiner Balg, so mit sieben oder acht Jahren, wurde mir klar, ich werde mal Biker. Der Grund dafür war ein wilder Hund aus meinem Ort, der auf der gegenüberliegenden Seite unseres Tals wohnte. Fast täglich wurde ich beim Spielen auf meinem Sandhaufen von einem lauten, bösartigen Geräusch aufgeschreckt. Es war FraPu, ich denke, unser erstes schwarzes Schaf im Dorf und somit mein Vorgänger. Er war zwar Landwirt, aber er besaß auch eine furchtbar laute Kawasaki, die er so ziemlich jeden Tag ein paarmal durchs Dorf prügelte und auf seinen Berg zum Hof hinauf jagte. Jedes Mal, wenn sein Bike die Stille des Landlebens zerriss, musste ich mein Spielen unterbrechen. Ich lauschte dem bösartigen Geräusch, bis ich es nicht mehr hörte. Erst dann konnte ich mit einem Grinsen im Gesicht in Ruhe weiterspielen.

Als ich dann auch von meiner Cousine ein Fahrrad bekam, war es geschehen. Es wurde der Biker in mir geweckt. Ich raste damit durch die Gegend, machte so manche Stunteinlagen und fühlte mich dabei so richtig gut. Es dauerte dann aber auch nicht mehr lange, bis sich auch meine zweite Unart zeigte, der Hunger nach Anerkennung in der Damenwelt. Ich machte ziemlich viel Blödsinn, um die Aufmerksamkeit der Hasen auf mich zu ziehen. Manchmal ging es gut und manchmal war der Blödsinn mit Schmerzen verbunden.

Ich war so an die zwölf Jahre, da brach auch schon mal ab und an der pubertäre Hormonschub aus und machte mich zum hirnlosen hormongesteuerten Dummbeutel.

An manchen Tagen sah ich auf meinen Fahrradrunden eine hübsche Brünette. Klar sie war schon so Anfang zwanzig und interessierte sich sicherlich nicht für einen Zwölfjährigen. Doch mir war dies damals schon egal. Ich sah sie mit Kinderwagen und ihrer rothaarigen Freundin die Straße dahinspazieren. Klar, dass mich dies sofort auf den Plan rief. Ich fuhr die Straße auf und ab und setzte mich mit Wheelies, Highslider und anderen Tricks gekonnt in Szene. Doch der Teufel schlief schon damals nie und es kam, wie es kommen musste. Bei einem supergeilen Stunt verschnitt es mich, das Vorderrad rutschte weg und ich knallte direkt vor den Damen aufs Maul. Die Mädels sahen bestürzt meinen kleinen Unfall, doch bevor sie eine weitere Reaktion zeigen konnten, sprang ich schon auf, schwang mich auf mein Feuerrad und suchte das Weite.

Niemand kann sich vorstellen, wie ich mich damals dafür schämte. Aber ich lernte daraus. Keine Vorführungen mehr vor Tussen, das kann nur ins Auge gehen, wenn man hormongesteuert Blödsinn macht.

Silvester in Fuzzis Folterkammer

Es war zwischen Weihnachten und Silvester, wo wir unsere Festtagssünden in Fuzzis Folterkammer abarbeiteten. Wir ließen wie immer die Sau raus, es wurde geschwitzt, gekeucht und bis zum Letzten alles gegeben. Als wir danach bei unserem obligaten Eiweißshake zusammensaßen und so belangloses dahin ratschten, wartete Ernstl mit einer neuen Idee auf. „Wie wäre es, wenn wir hier zu Silvester eine kleine Party veranstalten, nur wir und ein paar Freunde im kleinen Rahmen?“

Alle hielten das für einen guten Gedanken. Schnell wurde noch beraten, wer alles kommen und wer was besorgen sollte.

Am nächsten Tag, nach dem Training, wurde dann auch schon unser Partyraum aufgeräumt und dekoriert. Girlanden und Poster von heißen Fegern wurden aufgehangen, hinter der Bar wurde die Stereoanlage aufgebaut, daneben Unmengen von Schallplatten verstaut und zu guter Letzt wurde der gekaufte Alkohol eingekühlt. Natürlich mussten wir auch einen Probelauf der Party starten, damit uns zu Silvester keine unerwarteten Probleme heimsuchten. Alles passte und wir freuten uns schon auf den nächsten Tag.

Am Silvesterabend trafen wir uns wieder und mussten feststellen, dass die meisten unserer Gäste etwas später kommen würden, denn es war auch in Kematens Festhalle ein Silvesterball, den viele zuvor besuchen wollten. So kam es, wie es kommen musste, wir vier waren zu Beginn unserer Party ganz unter uns. Es war uns aber egal, wir hatten genug zu trinken und Unmengen von guter Musik. Also posten wir ein bisschen, machten ein wenig Blödsinn, rauchten ein paar fette Zigarren und genossen unsere Drinks.

Ich nahm Platz hinter unserer Bar am Hocker, legte ein paar alte Platten auf und versüßte uns musikalisch den Augenblick. Nach einer Weile läutete es an der Tür, ich öffnete und siehe da, es waren Weinstein und Schrattl.

„Haben wir schon was verpasst?“, fragte Weinstein.

Ich schüttelte grinsend den Kopf und bat die beiden herein. Sie waren schon etwas gezeichnet vom Silvesterball, aber freuten sich trotzdem, als ich ihnen ein frisch gekühltes Bacardi Cola in die Hand drückte. Es dauerte nicht lange, da kam auch schon Tom vorbei, in gewohnter Art, immer mit einem lustigen Sprüchlein auf den Lippen und der obligaten Frage: „Hast was zum Rauchen für mich?“

Er war ein absoluter Nichtraucher, doch wenn er sein Quantum überschritten hatte, rauchte er mehr als wir anderen echten Raucher. Endlich kam Leben in die Bude und natürlich floss auch der Alkohol in Strömen. Als es endlich Mitternacht wurde, liefen wir alle raus auf die Straße, um nach Feuerwerken zu sehen und natürlich auch selber etwas in die Luft zu jagen. Schlag Mitternacht warf Fuzzi seine Leuchtspurknarre an und feuerte wunderschöne Farbkugeln in den Himmel. Schrattl sorgte inzwischen für die richtige Beschallung mit seinem Karabiner und knallte voller Freude in die Luft. Wir waren alle ausgelassen und begrüßten gemeinsam das neue Jahr. Nach etwa einer Stunde im Freien verlagerten wir unsere Feier wieder nach drinnen, wo es dann so richtig Alkohol floss.

So nach und nach wurden dann aber auch unsere Gäste wieder weniger, die einen, weil sie nochmal zum Silvesterball wollten, und die anderen, weil sie nichts mehr aufnehmen konnten. Wir hatten ja wirklich ausgezeichnete belegte Brötchen, doch wenn man schon etwas über den Zenit drübergeschossen hatte, halfen auch gute Brötchen nichts mehr. Als dann nur noch wir vier Organisatoren übrig waren wars auch Zeit für uns, die Party zu beenden. Fuzzi und Ernstl legten sich noch ein wenig hin, damit sie am frühen Morgen unsere Baustelle wieder würden reinigen können, ohne zu viel extra zu verschütten. Felix musste nach Hause, denn es wartete die Stallarbeit. Doch bevor er abhaute, wollte er noch seine mitgebrachten Flaschen mit nach Hause nehmen. In diesen Flaschen war sein selbstgebrannter Kartoffelschnaps und weil er eben seine Spezialflaschen mit nach Hause nehmen wollte und eine noch fast voll war, füllte er diese um in eine Mineralwasserflasche. Ich half Felix noch, seine Flaschen ins Auto zu schaffen, und dann schlenderte ich wieder ins Haus.

Als ich wieder in unsere Partyzone kam, sah ich, wie es hier aussah und dachte mir, bei guter Musik im Hintergrund könnte ich schon mal beginnen, ein wenig aufzuräumen. Ich sammelte alle Knabbereien auf, verpackte diese, stellte die letzten Brötchen wieder in den Kühlschrank und leerte den Alkohol aus den angebrochenen Flaschen in einen großen Krug. Nach einer Weile war ich mit dem gröbsten fertig. Ich setzte mich hinter die Bar, steckte mir eine Zigarette an, genoss die gute Musik und war zufrieden, wie die Party verlaufen war.

Plötzlich sprang die Tür auf und einige Jungs standen vor mir. Es waren Kerschi und seine Hawara. Kerschi war ein Bekannter von Fuzzi, der ein einziges Mal bei uns in der Folterkammer mittrainiert hatte und nach so einer Stunde kotzend am Lokus hing. Also ein sehr sportlicher Typ, der nach dieser Trainingserfahrung eher doch wieder zum Alkohol zurückkehrte.

„Was macht ihr denn hier?“, fragte ich.

„Wir wollten nach dem Silvesterball in Kematen zum Frühschoppen, wurden aber nirgends reingelassen, da kam mir die Idee, euch zu besuchen!“, sagte Kerschi.

Die vier sahen schon etwas mitgenommen aus, also fragte ich mal, ob sie etwas trinken wollen. Kerschi wollte nur noch etwas Antialkoholisches, denn er verspürte gerade einen gröberen Brand in seiner Kehle. Noch bevor ich etwas sagen konnte, erblickte er eine Mineralwasserflasche und schraubte sie auch schon auf. Ich wollte noch etwas dazu sagen, aber es war zu spät. Er setzte an und machte einen gewaltigen Schluck davon. Auf einmal setzte er ab, hustete, bekam einen hochroten Kopf und mit krächzender Stimme fragte er mich, was das denn für ein Zeug wäre. Grinsend erklärte ich ihm die Geschichte des falschen Wassers und alle außer ihm mussten lachen. Nachdem er sich etwas erholt hatte, erzählte ich ihnen von unserer Party, von den Gästen und der Bombenstimmung, die wir hatten. Durch das Lachen der neuen Gäste wurden auch unsere nachtaktiven Schläfer geweckt und kamen zu uns. Alle beide waren etwas ramponiert, doch schon wieder so weit, dass sie eins trinken konnten.

Am Vormittag stieß Felix wieder zu uns. Als er die Geschichte seines Kartoffelschnapses in der Wasserflasche hörte, kugelte er sich vor Lachen. Wir räumten alles auf und natürlich wurden auch angebrochene Flaschen persönlich entleert, damit wieder alles so war wie vor der Party.

Am Abend kam dann auch Schrattl vorbei, der uns erschütternde Nachrichten brachte. Als wir um Mitternacht das neue Jahr begrüßten, schoss er ja mit seinem Karabiner Freudenschüsse in die Luft, dabei dürfte er doch nicht richtig in die Luft geschossen haben. Er erfuhr in Kematen, dass ein Terrorist gesucht werden würde, der im Ort mit einem Gewehr die Scheibe einer Balkontür eingeschossen hatte. Weiters waren auch am Friedhof in Allhartsberg Vandalen unterwegs, die auch einige Grablichter ausgeschossen hätten. Da Schrattl sicher war, dass er der böse Bube war, stellte er sich am Polizeirevier. Leider musste er seine Knarren abgeben und durfte auch noch mit einer Anzeige rechnen. Super, diese Silvesterparty hatte sich ja wieder voll gelohnt.

Speedy meets Alfa Romeo

Damals, ich war bei den Ancient Rocks, der Band meiner Freunde Mecky, er war Bassist, und Pauli, der perfektionistische Leadgitarrist und Sänger. Wir trafen uns jeden Samstag in Toms Keller zum Proben. Tom war ein Student, wie man ihn sich früher immer vorstellte, ein Blonder mit langer gekräuselter Haarpracht, Brillen, sehr gebildet, aber trotzdem ein geerdeter cooler Typ, der Rhythmusgitarre spielte. Der vierte der Band war Ernst, auch er war ein Student, seines Zeichens Schlagzeuger, er war der eher ruhige der Band, aber ein sehr netter Kerl. Die Proben waren immer eine geile Sache, denn die Band spielte hauptsächlich Titel aus den 50er bis 70er Jahren, darum auch der Bandname Ancient Rocks.

An diesem Tag kam Ernst wieder etwas später zur Probe, denn er kam immer mit dem Zug aus Wien an und dieser hatte oft Verspätung. Ich freute mich immer, wenn er später kam, da konnte ich immer eine Weile das Schlagzeug vergewaltigen. Als er dann endlich ankam, war er etwas geknickt, sprach mit uns aber nicht darüber. Es war ab diesem Zeitpunkt keine so chillige Session mehr und es wurde eher wegen der verpassten Einsätze nur mehr genörgelt. So nach einer Stunde sah Ernst schon wieder auf die Uhr und plötzlich sprang er hektisch auf und bemerkte nur mehr: „Scheiße, ich bin spät dran, ich muss den Zug noch erreichen!“

Ich machte ihm den Vorschlag, ihn hinzubringen. Zwar war ich mit meiner Speedy unterwegs, aber für die knapp zwei Kilometer Wegstrecke waren wir doch mit dem Moped schneller als Ernst zu Fuß.

Wir rannten aus dem Probenkeller hinaus und, na super, es regnete. Aber egal, wir mussten uns beeilen. Doch immer, wenn man es ohnehin schon eilig hat, kommt es noch dicker. Speedy sprang nicht an! Ich kickte und kickte, doch nix zu machen. Also machten wir das, was in dieser Situation das Beste wäre. Wir sprangen auf und ließen mein Moped im Leerlauf vom Krautberg hinunter in die Stadt laufen. Mit dem Schwung würden wir bestimmt bis zum Bahnhof kommen. Wir knallten den Berg hinunter, rein ins Zentrum. Auf Höhe Rathausstraße bemerkte ich einen roten Alfa, der gerade von rechts in die Kreuzung einfahren wollte. Es schüttete zu dieser Zeit wie aus Kübeln und ich denke, dass ich etwas schwer zu sehen gewesen war. Kurz, so an die dreißig Meter, bevor ich mit meiner Speedy und Ernst am Sozius die Kreuzung passierte, wollte der Fahrer wegfahren, doch er bremste nochmals ab. Ich dachte, er sah mich im letzten Moment noch, so deutete ich sein abruptes Anhalten. Doch weit gefehlt. Gerade, als ich fast auf der Höhe seines Wagens war, trat er aufs Gas und nahm mir neben meinem Vorrang auch meinen Willen, an ihm vorbeizukommen. Er knallte mir genau in die Seite. Ich sah nur mehr Ernst über Alfas Kühlerhaube drüber radieren und mich am Kühlergrill hängen bleiben. Mein Vorbeiflutschen wurde von den damals modernen Zusatzscheinwerfern aufgehalten. Einer der vier Scheinwerferhalterungen bohrte sich in meinen Unterschenkel und verhinderte somit meinen Weiterflug. Gott sei Dank bremste der Fahrer sein Gefährt noch ab, sonst hätte ich vielleicht seine Bodenplatte auch noch nach Rostspuren absuchen können. Ernst, der sich unverletzt vom Asphalt aufrappelte, kam mir sofort zu Hilfe, denn ich war immer noch zwischen Speedy und der

Halterung beziehungsweise der Stoßstange des Wagens gefangen. Vorsichtig befreiten wir mich gemeinsam, damit ich wieder auf die Beine kam. Der Fahrer des Alfas saß hingegen noch immer hinter seinem Steuer. Ich denke, er überlegte, ob er sich das antun sollte, seine frisch geföhnten Dauerwellen vom Regen vernichten zu lassen. Als sich der gute Junge, der so Anfang zwanzig war, überwinden konnte, sich doch zu uns zu bemühen, war seine erste Frage nicht etwa, wie es uns gehen würde, nein, er sah bloß seine Wagenfront an und meinte, dass er wohl zu spät zu seinem Date kommen würde. Ernst und ich sahen uns an und verstanden die Welt nicht mehr. Was war mit dem Typen? Doch bevor ich so richtig an ein Referat meinerseits denken konnte, erinnerte mich ein Brennen am Unterschenkel, dass sich noch kurz zuvor eine Halterung so zwei bis drei Zentimeter tief in mein Bein gebohrt hatte. Ich griff an die schmerzende Stelle und bemerkte dabei ein ziemlich fettes Loch, gleich neben meinem Schienbein. Puhh dachte ich, wenigstens nichts gebrochen! Noch bevor ich dem Schönling so richtig den Kopf waschen konnte, war plötzlich auch schon die Polizei da. Sie waren die Ersten, die sich um Ernst und mich kümmerten. Nur Augenblicke später war dann auch schon ein Rettungswagen da, deren Insassen uns um unser Befinden befragten. Ich meinte, dass alles nicht so schlimm wäre, wir aber ein riesiges Problem hatten. Durch den Flug über die Kühlerhaube entwischte die Brillen meines Beifahrers. Wer die Sehschwäche von Ernst kannte, wusste, dass er ohne seine Gläser blind war wie ein Maulwurf. Also suchten wir gemeinsam nach seiner Sehhilfe. Plötzlich machte es unter den Schuhen eines Sanitäters einen Knacks. Ja, er hatte die

Brillen gefunden, waren ab sofort leider unbrauchbar. Ok, wenigstens hatten wir sie gefunden. Was danach geschah, bekam ich leider nicht mehr mit, denn schon packten mich die Sanis und brachten mich ins Krankenhaus. Nach dem üblichen Prozedere kam ich dann in die Ambulanz zu einem ansässigen Schamanen, der sofort einen Betäubungspfeil in die Gegend meiner Wunde abfeuerte. Danach, als eine Schwester noch schnell alle Fremdkörper aus dem Einschlagloch rausgekitzelt hatte, begann der Heiler mit den ersten Stichen, um den Krater wieder zu schließen. Wie es nun mal so ist, fehlt auch manchmal ein Stück Haut. Plötzlich sah man den Mediziner bedenklich sein Werk bewundern. „Was mach ma bloß? Ich kann nicht weiternähen, so lassen könn mas auch ned!“

Während der Medizinmann noch grübelte, meinte ich, dass man ja doch kleine Schnitte in die Haut schnitzen könnte, dann würden sich die Kleinen beim weiternähen etwas dehnen und das große Loch wäre leichter zu schließen. Nach kurzer Überlegung gab er mir recht und machte sich weiter ans Werk. Ja, es sah nicht so schön aus, aber nach Docs letzten Worten, „bis zum Heiraten werds schon wieder gut!“, war ich dann auch schon wieder sehr beruhigt.

Als ich dann Jahre später heiratete, wusste ich, der Mensch hatte sich geirrt. Nach acht Wochen bekam ich dann meinen Gips runter und ich dachte, ich hätte einen fremden Fuß mit nach Hause bekommen. Der rechte war ja bloß nur mehr die Hälfte des linken, so bildete sich meine Muskulatur zurück. Es wurde wieder eine Heidenarbeit, die beiden auf gleich zu trimmen.

Wir haben keinen Sohn, der Fuzzi heißt!

Eines meiner lustigsten Erlebnisse war, als ich die Mutter meines Kumpels Tom kennenlernen durfte. Früher, als er noch mit mir in Allhartsberg trainierte, kannte ich nur seinen Spitznamen. „Fuzzi“, so wurde er immer von Schrattl genannt und das blieb bei mir hängen. Seinen richtigen Namen kannte ich so ein paar Monate lang nicht. Als wir gemeinsam auf einer Veranstaltung in der Festhalle in Kematen waren, wurde natürlich etwas gebechert und je später der Abend wurde, umso lustiger wurde es. Fuzzi war normalerweise ja Nichtraucher, aber wenn er sein Quantum erreicht hatte schnorrte er sich durch die Festhalle und rauchte mehr als wir anderen, die immer rauchten. Als Fuzzi dann schon etwas müde wurde und am Tisch ins Träumeland sank, dachte ich mir, dass ich ihn am besten nach Hause bringen sollte, damit er dort gut ankommen würde. Ich wuchtete ihn hoch und brachte ihn nach draußen. Sein Auto ließen wir stehen und ich meinte nur, dass wir dies am nächsten Morgen abholen könnten. Man weiß es nicht, ob er meinen Worten folgen konnte, aber er stimmte mir zu. Ich wusste zwar, dass er irgendwo in Allhartsberg zu Hause war, wo genau, das musste mir Fuzzi aber erklären. Während der Fahrt schlief er zwar immer wieder ein, aber irgendwie kamen wir dann doch an ein Haus, das ihm bekannt erschien. Ich lud ihn aus und brachte ihn bis an die Haustür und nach einigem Kramen in seinen Hosensäcken fand er einen Schlüssel, der in diese Türe passte. Ich sperrte die Türe auf, schob ihn über die Schwelle, horchte noch, ob er von innen abschloss, und dann zog ich in meine Heimat.

Am nächsten Tag, es war so am späten Vormittag, schwang ich mich auf mein Moped und machte mich auf den Weg, um meinen Kumpel Fuzzi abzuholen, um ihn wie versprochen zu seinem Auto zu bringen. Als ich an der Tür ankam, wo ich Fuzzi letzte Nacht abgeliefert hatte, läutete ich brav und erwartete eigentlich, dass mir mein Kumpel öffnete. Knapp daneben! Es war seine Mutter Resi. Sie fragte mich, was ich denn hier wolle. Wir kannten uns ja noch nicht, darum grinste ich freundlich und fragte sie, ob Fuzzi schon wach wäre. Sie sah mich an und meinte: „Bei uns gibt es keinen Fuzzi!!"

Ich sah sie etwas irritiert an und war mir dabei dann etwas unsicher, ob ich nicht doch beim falschen Haus angeläutet hätte. Aber ich war ja fast nüchtern heut Nacht und mein Orientierungssinn war auch nicht der schlechteste.

„Hier muss es aber einen Fuzzi geben, ich habe ihn ja heut Nacht hierher gebracht!" Resi sah mich etwas schärfer an und behauptete, immer noch keinen Fuzzi zu kennen. Mein Problem war, dass ich den richtigen Namen von Fuzzi nicht kannte, über so was redet man ja nicht. Als ich ihn gerade beschreiben wollte, kam Fuzzi hinter seiner Mutter zum Vorschein. Ich streckte meine Hand aus und zeigte in Fuzzis Richtung. „Des is er jo!" Meine Erleichterung war groß, ich dachte schon, ich hätte in meinem Kopf angehende Probleme von der ewigen Milchsauferei. Resi drehte sich um und sagte streng: „Des is mei Sohn und der heißt Thomas! Fuzzi nennt ma jo nur an kleinen dicken Buam und des is mei Thomas sicher ned!!"

Tom war noch etwas benommen von den Strapazen der Vornacht, nahm mal seine Mutter zur Seite und erklärte ihr, wer ich denn sei. Resi schaute mich immer noch etwas säuerlich an, aber ich versuchte mich sofort zu entschuldigen und sagte, dass es mir leidtue, Toms richtigen Namen nicht gekannt zu haben. Während sie sich dann umdrehte und zurück in die Küche ging, murmelte sie nochmals: „Fuzzi, wie kann ma des zu mein Buam sagen!“

Ich musste dann schon lachen, das war eben noch eine richtige Mutter, die alles auf ihren Sohn hielt. Im Laufe der Zeit lernte ich Resi, ihren Mann Erwin und Toms Schwestern Michi und Martina besser kennen. Ich freute mich immer, wenn ich sie traf, es war mit ihnen spaßig. Wir saßen oft gemeinsam bei Feiern oder einfach nur beim Wirten zusammen, weil Toms Familie wirklich herzliche Menschen waren und gegen uns Langhaarige keine Vorurteile hatte. Sie sahen uns immer nur als Freunde der Familie. Ich bin stolz, auch solche Menschen kennengelernt zu haben.

Die Glut der Nacht

Immer wenn es irgendwie möglich war, suchten wir für unsere kleineren, aber auch manchmal größeren Gelage passende Orte, um mal kräftig abzufeiern. An diesem Wochenende fiel die Wahl auf den „Judentempel". Es war der optimale Ort, um so richtig Gas zu geben. Nur ein schmaler Weg als Zufahrtsstraße, mitten im Wald, und das Beste, es war ein altes Gebäude, das nur aus acht Säulen und einem Dach bestand. Da waren wir auch wetterunabhängig und weit weg von der Zivilisation. Der beste Platz für eine gestandene Fete. Wie immer bei unseren Feten wurde zusammengelegt, um Nahrung und Medizin zu organisieren, damit einer glorreichen Nacht nichts mehr im Wege stehen konnte. Bull sorgte mit einer fetten Anlage am Dach seines Autos für die passenden Klänge, damit wir richtig in Schwung kamen. Inmitten des Gebäudes wurde eine kleine Feuerstelle eingerichtet und rundherum wurden Zelte aufgeschlagen, damit auch Intimitäten ungestört ausgetauscht werden konnten. Alles war angerichtet und nach und nach kamen auch immer mehr Gäste. Es waren bestimmt so an die 50 bis 60 Feiernde aufgetaucht, es war eine echt gute Stimmung. Nach ein paar Stunden wurde unser kleines Fest leider kurz unterbrochen. Ich war zu dieser Zeit etwas weiter hinten im Wald gerade mit intensivem Aufklärungsunterricht beschäftigt, als auf einmal die Musik aus war. Ich hörte nur mehr Stimmen, die nicht sehr begeistert klangen. Das machte mich etwas stutzig. Ich schnappte mir meine Schülerin, schulterte meinen Schlafsack und wir schlurften durchs Dickicht zum Judentempel. Den ersten, den ich erblickte, fragte ich, was denn auf einmal los sei. „Ein Gesetzeshüter ist angekommen, der sagte, dass uns einer angezeigt hätte. Wir müssen weg von hier, wegen Lärmbelästigung!“ Ich war verwundert, Lärmbelästigung, mitten im Wald? Wird wohl ein Jäger am Hochstand ned gscheid schlafen können haben, dachte ich. So nach und nach verließen die Gäste den unheiligen Ort. Als ich zu meinem Moped schlurfte, kam ich am Streifenwagen vorbei, wo ein einziger Beamter drinsaß. Ich lehnte mich an sein Autodach und warf ihm einen richtig angepissten bösen Blick zu. Er sah hoch zu mir und meinte nur, dass wir hier, um einer Anzeige zu entgehen, schnell wegmüssten, und sank dabei ein klein wenig in seinen Sitz. Ich sah ihn weiter mit versteinerter Miene an, warf meinen Schlafsack wieder über die Schulter und ging wortlos zu meinem Moped. Die letzten, die ich noch erwischte, sagten, dass Schrattl alle zu seiner Waid hin gelotst hatte und wir dort ungestört weiterfeiern könnten. Ich kletterte auf mein Moped und fuhr hinter den anderen her. Als ich so dahinfuhr, dachte ich, dass mein Bike etwas lauter sei als gewohnt. Doch irgendwie ignorierte ich diesen Gedanken und fuhr zu Schrattls Waid.

Die neue Partyzone war auf Schrattls Grundstück, es führte ein schmaler Wiesenweg dorthin und es brannte bereits das Lagerfeuer, als ich ankam. Rundherum saßen schon viele Gäste, diskutierten, manche knutschten und fummelten und machten eben da weiter, wo sie im Judentempel aufgehört hatten. Als ich mir gerade ein Bierchen genehmigen wollte, fragte mich Weinstein, was eigentlich mit meinem Moped los sei. Er denke, dass es lauter sei als sonst. Also hatte ich doch nicht halluziniert. Wir gingen hin zum Moped, ich startete und wirklich, es war verdammt laut. Als ich in meiner Umnachtung etwas genauer mit dem Feuerzeug leuchtete, sah ich, dass mein Auspuff nicht mehr dran war. Was war geschehen? Wo war er? Wurde er gestohlen? Irgendwie komisch. Ich stieg auf und machte mich wieder auf den Weg zum Judentempel und suchte auf der ganzen Strecke nach meiner Röhre. Als ich schon fast beim Tempel war, sah ich ihn endlich am Weg liegen. Der buckligen Straße und der schlampigen Verschraubung meinerseits geschuldet hatte sich das Ding gelöst und war davongeflogen. Ich hob den Auspuff hoch, steckte ihn an und bewegte mich wieder auf Schrattls Wiese zu. Endlich wieder dort angekommen bemerkte ich, dass ich eigentlich schon sehr besoffen war und weil ich irgendwie schon etwas müde war, rollte ich auch bald etwas oberhalb der Partyzone meinen Schlafsack aus. Es dauerte nicht lange und ich schlief ein. In meinem komatösen Schlaf fiel ich dann auch gleich mal in einen wunderbaren Traum. Ich denke, dass er wunderbar war. Irgendwie dürfte es ein heißer Traum gewesen sein. Als ich so im Dahindämmern war, hatte ich ein komisches Gefühl auf meinem Kopf, es war fürchterlich heiß. Als ich dann mal kurz meine Augen etwas öffnete, sah ich direkt in die Glut der Feuerstelle, nur eine halbe Armlänge etwa entfernt. Ich rollte ganz schnell weg vom Feuer und hoffte, meine Augenbrauen noch zu haben. Als der erste Schock weg und ich erwacht war, konnte ich das nicht glauben, was passiert war. Ich war im Schlafsack eingeschlafen und war ungefähr zehn Meter oberhalb der Feuerstelle am Hügel entfernt gelegen. Nun lag ich direkt neben der Feuerstelle. Wie es scheint, war ich im Schlaf den Hügel runtergerollt und war glücklicherweise vor der Glut zu liegen gekommen. Das hatte ich nun davon, weil ich immer einen eher ruhigen Platz zum Schlafen suchte. Diesmal war er fast brandgefährlich.

Der Privatsheriff

Ich kann mich noch erinnern, als ich am Anfang meiner Bikerkarriere war. Es gab die gute Seite, die Bullen, und es gab die böse Seite, uns! Egal, um was es ging, bei jeder Kleinigkeit wurden wir schuldig gesprochen. Fuhr mal nachts jemand zu laut durchs Dorf, waren wir es. Gab‘s ne Schlägerei, wo es keine direkten Zeugen gab, wir waren es. Wurde jemand wegen zu schnellen Fahrens angezeigt, waren wir es. Ok, das waren wir auch, meistens. Sonst waren wir immer unschuldig vorverurteilt worden. Die Bevölkerung hatte keine gute Meinung von uns, denn egal, wo wir hinkamen, welche Veranstaltung auch war, wir kamen immer mit Kutte und meist im Rudel, wir hatten eben eine etwas größere Clique. Wie eben der Volksmund sagt: einmal schwarzes Schaf, immer schwarzes Schaf.

Der Zeitpunkt, wo sich alles änderte, war zu dieser Zeit, wo in unserem Dorfe öfter mal kleiner oder auch ab und zu größere Keilereien waren. Nein, es waren nicht wir! Wir waren in Wirklichkeit eher die Typen, die den Konsum ankurbelten und dabei gerne unsere Ruhe hatten. Die Unruheherde waren eher die Zivilisten, die sich klatschnass besoffen und danach aufeinander los gingen. Zuvor wurde dann meist die Polizei gerufen, wenn’s mal wieder rund ging. Doch als es uns dann reichte, von den Idioten beim gemütlichen Bierchen gestört zu werden, nahmen wir das in die Hand. Von da an wurden die Schlägereien weniger und die Bullen mussten auch nicht mehr so oft zum Einsatz. Zuerst fiel es der Exekutive kaum auf, dass weniger gebalgt wurde. Als aber unser Clubwirt mal mit unseren Sheriffs darüber sprach, bemerkten auch die, dass wir keine bösen Jungs waren. Sogar bei den Veranstaltungen in der Festhalle war es ruhiger als früher. Die Bewohner unseres Dorfes fühlten sich wieder etwas sicherer und in einer Nacht, wo sie einen einzigen Bullen zum Einsatz schickten, wo wirklich böse Buben mitmischten, sahen sie, dass wir auf ihrer Seite waren. In dieser Nacht wurde ein Mitglied des öffentlichen Lebens von Ortsfremden schwerst verprügelt. Zuerst wurde das Opfer von den Angreifern befreit und danach, als unser kleinster Beamte der Polizei herbeieilte, wurde auch dieser vor möglichen Attacken von hinten geschützt. Von da an änderte sich vieles für unseren Club. Wir hatten so ziemlich unsere Ruhe vorm Gesetz, wurden aber auch von der Zivilbevölkerung mit anderen Augen gesehen. Egal, wo später die Polizei auftauchte, um nach dem Rechten zu sehen, wenn wir dort waren, wussten sie, dass hier kaum ihre Anwesenheit nötig war, wir hatten ihr Vertrauen. Wenn es aber mal doch zu schwereren Krawallen kam, waren wir die erste Anlaufstelle der Polizei, um den Sachverhalt zu erfragen. Ja, ab da war unser Leben echt leichter geworden.

Warum immer ich?

Wer mich kennt, der weiß, dass ich mein Leben lang immer ein gutmütiger Kerl war und soweit es ging einer Balgerei aus dem Weg ging. Mein Anspruch war, dass man jede Meinungsverschiedenheit mit Worten aus der Welt schaffen könnte. Aber was hilft es, der gutmütigste Typ zu sein, wenn einige Zeitgenossen meinen, unbedingt mich aussuchen zu müssen, um mir die Fresse zu polieren, nur um ihrem Ego Genüge zu tun.

Dass passierte mir leider des Öfteren. Warum gerade ich, dachte ich mir immer. Es waren meist viele andere Menschen bei derselben Veranstaltung, aber gerade ich wurde immer ausgesucht. Nun ja, vielleicht war es mein Erscheinungsbild, immer Lederjacke samt Kutte, oft cool drauf und vielleicht auch, weil ich etwas hermachte. Ich denke, diese Punkte machten mich zum Opfer. Ich erinnere mich noch genau an eine Begebenheit in der Turnhalle in Rosenau. Es war ein Weinlesefest und unser Club besuchte diese Veranstaltung. Es war schon etwas zu späterer Stunde, wo ich mit ein paar meiner Kumpels, mit einem Glas Spritzer in der Hand zusammenstand, als mir von hinten jemand einen Stups an meinen Ellenbogen gab. Es war jede Menge los an diesem Abend und ich dachte bloß, dass mich jemand unabsichtlich anrempelte. Ich ignorierte dies, drehte mich nicht mal um und witzelte mit meinen Kumpeln weiter. Plötzlich verspürte ich wieder ein Anrempeln, diesmal aber etwas härter, dass ich fast meinen guten Saft verschüttete. Ich drehte mich mal um, um zu sehen, was denn da los war. Es stand da so ein Halbstarker, der mich scharf ansah und mich wild gestikulierend aufforderte, mit nach draußen zu kommen, damit er es mir zeigen könnte. Ich grinste ihn an, drehte mich wieder zu meinen Kumpels und ließ den Idioten links liegen. Wie es schien, machte ihn das noch mehr an und schon wieder stieß mich der Depp von hinten, diesmal so stark, dass ich doch etwas meines Göttertrankes verschüttete. Nun reichte es mir! Ich drehte mich zu ihm um und lächelte ihn noch einmal an. Zornesgerötet schrie er wieder: „Komm mit nach draußen du Arsch, i werds da zeigen!!"

Ich grinste ihn immer noch ruhig an und entgegnete ihm: „I geh gern mit dir nach draußen, wennst ma a scheens Mädl zeigst. Sonst, hätt i kann Grund mit dir mit zu gehn. Owa geh mal vor, vielleicht komm i dann e nach!"

Wütend ließ er mich endlich stehen und rannte nach draußen, wohl in der Hoffnung, dass ich ihm nachkommen würde. Aber ned mit mir, i hab des ned nötig. Ich sah diesen Wahnsinnigen dann länger nicht mehr und dachte schon, dass er die Lust an mir verloren hätte. Die Zeit verging und irgendwann wurde ich etwas müde. Ich setzte mich inmitten der Menschenmenge auf ein Stühlchen, richtete ihn in Richtung der vorbeiziehenden Menge, um die Menschen zu studieren, das tat ich öfter, wenn mal nix los war. Ich saß gemütlich da, streckte mal meine Beinchen und wie es der Teufel oft so will, stolperte jemand darüber. Erschrocken zog ich meine Hufe ein und suchte den Menschen in der Menge, der gestolpert war, um mich zu entschuldigen. Als ich suchend durch das Publikum blickte, kam ganz plötzlich aus dem Nichts eine Faust auf mich zugeflogen und knallte mir direkt auf mein Näschen. Wow, was war das denn?, dachte ich, während mir schon Blut aus der Nase schoss. Im Augenwinkel sah ich, wie genau dieser Mensch, der mich vor einiger Zeit geschupst hatte, nach draußen flüchten wollte. Nun reichte es, jetzt wollte ich wissen, was der gegen mich hat. Ich folgte ihm nach draußen auf den Parkplatz und … weg war er, verschwunden!! Ich sah mich draußen um und auf einmal hörte ich hinter mir ein Geräusch. Ich konnte mich nicht mal umdrehen, schon spürte ich von hinten, wie ich angesprungen und das Gewicht auf meinem Rücken immer schwerer wurde. Als ich durch die Last auf meinem Rücken zu Boden ging spürte ich nur noch Fäuste, die auf mich einschlugen. Ich wehrte mich mit Händen und Füßen, als ich das Gefühl hatte, dass meine Last auf mir geringer wurde. Ja, ich bekam Hilfe. Mein Helfer, es war mein Kumpel Fuzzi, befreite mich von einem meiner Angreifer. Als ich mich auch noch von den anderen beiden, die noch an mir hingen, befreien konnte und um mich schlug, lief einer der beiden feigen Hunde weg. Der letzte, der noch an mir hing, wollte auch noch abhauen, aber den bekam ich noch richtig zu fassen und knallte ihn auf eine Motorhaube eines danebenstehenden Wagens. Vollgepumpt mit Adrenalin schrie ich ihn an, was er den von mir wolle und was ich ihm getan hätte, dass er mir den ganzen Abend versauen wollte! Er erklärte mir, nach einigen Drängen meinerseits, dass er mit meiner Art und meinem Auftreten nicht einverstanden wäre. (Das habe ich aber jetzt schön geschrieben) „Wos soll i jetza mit dir tun, normalerweise sollt i da jo dei deppads Gfries deformieren, wos hoidst davon?“

Er sah mich an und erwartete wohl eine ziemliche Strafe, die er verdient hätte, doch das ist nicht mein Wesen. „Woast wos, geh ma in de Bar rauf und du zoist ans, don san ma wida guat, ok?“

Es war ihm anzusehen, dass dies für ihn eine wirklich gute Alternative war. Ich ließ ihn auf die Beine kommen und wir stapften auch schon in die Bar, wo wir uns danach aber auch recht gut unterhielten. Und nach ein paar guten BCs hatte ich ihn dann auch so weit, dass er sich für diese Aktionen an diesem Tag entschuldigte. Es geht auch so. Die besten Waffen sind eben auch meist Worte. Außerdem lernt man sein Gegenüber in der Bar besser kennen als mit Fäusten.

Wo Scheiße drauf steht …

Damals, als wir noch viele Motorradtreffen besuchten, hatten wir Ochtahoiwa viel erlebt und gesehen. Ein Club, den wir immer gerne besuchten, waren die Lone Wolfes in Steinakirchen. Die Wolfes und wir waren immer schon gute Freunde gewesen, natürlich besuchten wir auch regelmäßig ihre Motorradpartys. Legendär waren da immer die Wettbewerbe zur allgemeinen Belustigung. Steinheben, Eier- oder Vespa-Weitwurf, das waren schon mal sehenswerte Wettbewerbe. Wobei ich sagen muss, dass ich beim Eierweitwurf lieber der Werfer als der Fänger war. Wer eine gute Vorstellungsgabe hat, der kann sich ausmalen, mit welcher Geschwindigkeit ein rohes Ei auf so auf 30 bis 40 Metern hat. Ich brauch da nicht extra zu erwähnen, wie sich das Ei bei etwas heftigem Zugriff auflöst. Manche Fänger sahen aus, als ob sie selber gerade aus dem Ei geschlüpft wären. Doch am schönsten war immer die Schlammgrube.

Was ist das? Nun, das ist ein Wasserloch, wo ursprünglich Wasser war. Mit der Zeit kamen andere für die Haut verträgliche Substanzen dazu, wie zum Beispiel Abwaschwasser vom Gläser spülen und, wenn ein gewisser Zeitpunkt erreicht war, Pisse und körperwarme Kotze. Irgendwo mussten ja die Flüssigkeiten hin. Natürlich war das der beste Spielplatz für alle, die sich gerne einsauten. Wenn du mal drin warst, wars auch schon egal, des Öfteren da planschen zu gehen. Natürlich mussten da alle rein und wenn jemand ankam der noch sauber war, wurde er gepackt und bis zum letzten Haarspitz eingesuhlt. Unter uns gesagt, Schlammpackungen waren ja damals sehr gut für die Haut und gegen Rheuma.

Bei diesem Treffen mussten leider einige von uns, darunter auch ich, Freitag nach Hause, es musste ja manchmal auch samstags gearbeitet werden. Aber Samstagnachmittag waren wir ja schon wieder vor Ort. Als wir einrauschten und unseren einzigen über Nacht im Club gebliebenen Kumpel suchten, hatten wir Mühe, ihn zu finden. Natürlich war unser erster Weg direkt an die Bar. Wir waren erstaunt, was uns da erwartete. Es waren einige in ein angeregtes Gespräch vertieft und als wir näherkamen, sahen wir einen uns entgegengrinsenden Schlammhaufen. Es war unser vermisster Kumpel Leimi, den wir unter der dicken Schlammschicht kaum erkannten. Wie es schien, hatte er in der Schlammgrube gepennt. Er sah schon etwas grau aus, denn der Alkohol reinigte nachts nur von innen und außen trocknete der Schlamm doch eher an, wenn er keine Flüssigkeit bekam. Wir genossen den Samstag noch bei angeregten Gesprächen und natürlich wurde auch ab und an wieder etwas für die Gesundheit getan und das

Moorbad genutzt. Mitten in der Nacht bekamen wir dann auch noch hohen Besuch. Ein Brautpaar, das sich an diesem Tage das Jawort gegeben hatte, wusste von der Wolfsparty und wollten hier einen würdigen Abschluss feiern. Es wurde für die beiden noch eine unvergessliche Nacht, denn der Bräutigam im feinen Zwirn und die Braut in ihrem wunderschönen weißen Kleid wurden zur Feier des Tages geschnappt und in unser heiliges Schlammbad geworfen und bis hoch zur neuen Dauerwelle mit Dreck eingerieben. Geggi und ich standen bei einem Bierchen zusammen und er meinte vor dem Bad, was das nicht für eine hübsche Braut sei. Nach dem Brautbad meinte er nur noch, dass sie doch nicht so hübsch sei. Wir mussten beide lachen und sogar das Brautpaar nahm das Schlammbad mit Humor.

Am nächsten Morgen, als die meisten schon fit waren, packten wir unseren Kram zusammen. Beim Frühstück bestaunten wir noch alle rumliegenden Schlammhaufen und lachten darüber, obwohl wir selbst kaum besser aussahen. Als wir dann alle unsere Mitglieder zusammengesammelt hatten und fahrtauglich machten, verabschiedeten wir uns von den Wölfen und starteten in Richtung Heimat. Das geilste war die Heimfahrt. Ich fuhr zum Schluss unserer Gruppe und grübelte während der Fahrt, was ich denn immer im Gesicht spürte. Es waren weder Fluggeräte in der Luft, die so in Schwärmen auf mein Gesicht treffen konnten, aber auch kein Staub oder Split von der Straße. Es war mir ein Rätsel. Bis ich mitbekam, dass bei meinen Jungs, die vor mir fuhren, der eingetrocknete Schlamm so nach und nach abbröckelte. So etwas hatte ich zuvor auch noch nie erlebt. Zu Hause angekommen wurde dann noch die Hose in die Garage zum Tiefentrocknen gestellt und am nächsten Tag noch intensiv ausgekloppt, erst dann konnte das Teil in die Waschmaschine.

Tour de Ybbsvalley

Wir hatten mal wieder einen Sommer, der alle Stückchen spielte. Heiß, heißer, am heißesten. Also musste Abkühlung her. Freitagabend, als wir in Ossis Cafe bei einem Diesel zusammensaßen, schmiedeten wir den Plan, am nächsten Tag nach Opponitz zum Zelten zu fahren und ein kühles Bad in der Ybbs zu nehmen. Allgemeine Begeisterung brach aus und schon war die Geschichte ausgemacht. Geggi und ich hatten aber eine noch bessere Idee, wir könnten doch mit dem Rad ausfahren. Ok, dieser Gedanke war dann wieder nicht so für alle geeignet, aber egal, Geggi und ich wollten mit dem Fahrrad nach Opponitz.

Der Samstag brach an, ein wunderschöner Morgen, der ja wirklich zum Radfahren einlud. Wir packten die notwendigsten Dinge auf unsere Drahtesel wie Badesachen, Schlafsack und natürlich, damit die Anfahrt nicht so langweilig sein würde, klemmte Geggi sich sein Radio auf den Gepäckträger. Sportlich, wie wir waren, radelten wir dann auch schon unterstützt durch Kiss, AC/DC und Deep Purple Richtung Opponitz.

Natürlich war es spaßig, als wir durch Waidhofen radelten und alle, die in der Stadt am Gehsteig gingen, mit unserem Kassettenrekorder, der auf maximaler Lautstärke *Highway to Hell* röhrte, begeisterten. Wir beide waren dadurch motiviert und es dauerte auch nicht lange und wir hatten die 34 km unseres Weges geschafft. Wir schoben das letzte Stück der Etappe unsere Räder noch durch den Eisenbahntunnel und danach, gleich rechts davon, war eine wunderschöne Liegewiese, hier schlugen wir wie immer unser Lager auf. Es dauerte auch nicht lange und unsere Kumpels kamen auch schon mit ihren Mopeds an. War ja wieder mal klar, Mopeds sind bei weitem nicht so schnell wie Fahrräder. Wir schlugen die Zelte auf und machten eine wunderschöne Feuerstelle, wo wir ein wenig grillen konnten. Harry und Weinstein kamen auch schon und brachten ein wunderhübsches 50-Liter-Bierfässchen mit. Es war immer wunderbar, wenn alle wussten, was zu tun war. Als wir alles aufgebaut hatten, gings ab ins kühle Nass. Es hatte ja bereits wieder so an die dreißig Grad und wenn wir schon die kühle Ybbs in der Nähe hatten, mussten wir sie auch nutzen. Wir waren schon so an die dreißig Leute, die es sich hier gemütlich machten, die Jungs, die an den Felsen rumkraxelten, dabei Acapulco aufleben ließen, und die Mädels, die ihre Luxuskörper in der Sonne brutzeln ließen.

Natürlich dauerte es auch nicht lange und unser Lieblingsspanner, der Besitzer der Wiese, rückte an, um uns wieder zu maßregeln. In Wirklichkeit kam er aber immer nur, um zu gaffen, welch geile Hasen sich am Ybbsufer rekeln und was sie an Haut zeigen würden. Er war ja harmlos, aber nervig, denn er drohte immer wieder mit den Bullen, wenn wir seine Wiese zerstören würden. Zum Glück war er auch bald wieder verschwunden und wir konnten ungestört unseren wunderschönen entspannten Badetag fortsetzen. Am Abend wurde dann ein richtiges Badfest gestartet, es wurde gegrillt, herumgealbert und natürlich auch etwas getrunken, wäre ja schade gewesen, wenn wir wieder alles mit nach Hause hätten nehmen müssen. Harry betätigte sich sogar sportlich, denn irgendwo fand er ein Pferdchen mit dem er angeritten kam, später tauschte er es gegen seine Freundin, da fühlte er sich sicherer. Früh am Morgen wurde es dann langsam ruhiger und alle krabbelten in ihre Zelte oder zumindest in ihre Schlafsäcke.

Als die Sonne schon etwas hoch am Himmel stand und die meisten wieder ihre verlorenen Gehirnzellen gefunden hatten, wurde noch schnell alles aufgeräumt. So nach und nach machten sich einige auf den Weg nach Hause und ein paar verbrachten noch etliche Stunden an unserem Badestrand und genossen den schönen Tag.

Auch Geggi und ich sattelten unsere Fahrräder auf und machten uns mit unserer Disco am Gepäckträger bewaffnet auf, um in das Ybbstal hinaus zu radeln. Als wir so die Ybbsitzerstraße in Waidhofen befuhren, waren extrem viele Menschen unterwegs, war ganz untypisch für Sonntagnachmittag. Je weiter wir in Stadtnähe kamen, umso mehr wurden die Menschen. Ich dachte, die sammeln sich alle, um Geggi und mich standesgemäß zu begrüßen und anzufeuern. Ja, ich als alter Sportsmann gab natürlich gleich die Siegerpose, riss die Hände hoch und ließ mich feiern, machen sie ja bei der Tour de France a immer. Ich denke, die Menge war auch schwer von unserer lauten Musik begeistert, die uns auf Geggis Gepäckträger verfolgte. Irgendwie schien es aber, dass wir beiden Ritter der Landstraße nicht die erwarteten Stars waren. Aber egal, wir fuhren durch die Menschenmassen und genossen den Jubel. Später erfuhren wir, dass in Waidhofen ein echtes Radrennen stattfand und die Menschenmassen nur deswegen am Straßenrand waren. Egal, wir hatten unseren Triumphzug. Natürlich gab uns die Menge Kraft, um die letzte Etappe bis zu Ossis Cafe leichter zu bewältigen. Dort angekommen gönnten wir uns mal ein kühles Blondchen und natürlich mussten wir dabei auch allen von unserer Zieleinfahrt in Waidhofen erzählen. Ossi war begeistert von seinen beiden Sportskanonen. Sponsern wollte er uns aber trotzdem nicht.

Ein neuer Bulle

Es war Herbst, die Blätter färbten sich schon braun und für's Biken brauchte man schon manchmal die Handschuhe. Zu dieser Zeit hatte ich gerade eine junge Liebe an der Backe, die wahrlich nicht einfach war. Damit sie etwas wohlgesonnen war, fuhr ich mit ihr in die Festhalle nach Kematen zum Weinlesefest.

Ich holte sie, wie es sich gehört, von zu Hause ab und gemeinsam cruisten wir nach Kematen. Schon bei der Hinfahrt zickte sie wieder mal rum. Genervt parkte ich mein Bike nicht vor der Festhalle, wie es ansonsten der Brauch war, sondern am Firmenparkplatz einer größeren Firma. Warum? Erstens war da ein Dach für mein Moped und zweitens war ich in diesem Moment so genervt, dass ich mir selbst schwor, den heutigen Abend mit etwas Cola rot aus dem Gedächtnis zu löschen. So nach fünf Minuten waren wir dann auch schon am Eingang der Festhalle. Der Abend war eher von Beginn an zum Kotzen, dafür sorgte ich im Laufe des Abends. Es dauerte aber auch nicht lang, da war meine Begleiterin schon mit anderen Weibern in der Bar verschwunden. Auch ok, ich wollte ohnehin mit meinen Bros abhängen, die hatten noch nie so genervt und Spaß hatten wir auch. Doch als ich die Kleine länger nicht mehr zu Gesicht bekam, schlenderte ich doch mal in die Bar, um nach ihr zu sehen. Es war wie üblich beim Weinlesefest der Luzifer los, Menschenmassen, soweit das Auge reichte. Alle waren da, dafür die Frau, die ich suchte, natürlich nicht. Ich durchstreifte die gesamte Festhalle und fand sie nicht. Als ich aber eine Frau traf, die mit meiner Kleinen zuvor losgezogen war, erkundigte ich mich nach ihrem Verbleib. Die sagte, dass sie auf einmal abgehauen wäre und nach Hause wollte. Na super, dachte ich, jetzt kann ich die Tusse auch noch suchen! Ich war zwar schon etwas in der Welle, aber was soll‘s, ich musste sie suchen. Auf dem Weg zu meinem Feuerross streiften meine Augen jeden Winkel jeder Gasse, um sie ja nicht zu übersehen. Nichts! Es hilft nichts, ich muss aufsatteln und mich auf den Weg zu ihr nach Hause machen, dachte ich. Ich fuhr langsam den Weg ab, konnte sie aber im Scheinwerferlicht nirgends erblicken. Bei ihrem Haus angekommen war ich schon richtig wütend. Sie war weit und breit unauffindbar. Also ritt ich denselben Weg wieder zurück zur Festhalle, doch anstatt wieder am Firmenparkplatz zu parken, fuhr ich bis zur Festhalleneinfahrt und parkte mitten an der Zufahrt. So ein Zufall aber auch, gerade als ich meinen Helm abnahm, kam die verlorene Braut auf mich zugelaufen und keifte mich an, wo ich denn immer bliebe. Nach einem giftigen Referat meinerseits wollte sie sofort nach Hause. So ziemlich sauer wollte ich das Schloss der Helmhalterung am Bike öffnen, um ihr den Helm in die Hand zu drücken, Dabei sah ich im Augenwinkel an der gegenüberliegenden Straßenseite einen Einsatzwagen stehen. Verdammt! Gerade jetzt müssen die Bullen auch dastehen. Ich wusste, dass ich nicht mehr fahrtüchtig war, zumindest nicht im erlaubten Bereich. Nun war guter Rat teuer, was machen? Cool wieder zur Veranstaltung stiefeln und abwarten, bis sie wieder wegfahren würden, oder wegfahren, als ob nichts wäre und dabei meinen Deckel riskieren? Was tun, was tun? Weil ja bei meinem Moped dieses scheiß Schloss schon nüchtern so beschissen zu öffnen war und ich natürlich besoffen noch mehr Probleme damit hatte, dauerte es schon geraume Zeit, wo ich am Boden kniete und verbissen herumdokterte.

Plötzlich sah ich auf der Beifahrerseite des Einsatzwagens eine rote Laterne sich hin und her bewegen. Na super dachte ich, nun ist alles aus, Lappen weg, zu Fuß gehen. Ich rappelte mich hoch und ging mit reumütige Körperhaltung Richtung Polizeiwagen. „Na Opa, bist schon wieder angsoffen?“, fragte der Beifahrer.

Ich sah hinein und erkannte sofort das Gesicht des Ordnungshüters. Ich lachte erleichtert. „Was macht ihr denn hier?“, fragte ich. „Solltet ihr nicht in der Festhalle nach dem Rechten sehen, damit ich nach Hause fahren kann!“

Beide lachten wir. „Wen hast du denn da mit dabei?“, fragte ich.

„Das ist ein neuer Kollege, ich dachte es wäre gut, wenn er dich gleich mal kennenlernt!“

Der Neue auf der Fahrerseite aß gerade eine Schnitzelsemmel und sah mich entgeistert an. Ich stellte mich brav vor und auch er wurde langsam wieder lockerer und aß weiter. „Warum willst denn schon wieder auf's Motorrad, du weißt jo e, dass wir des garned gern sehen!“

Ich wusste es und erklärte ihm mein Dilemma und dass ich sowieso immer vorsichtig fahre. Er wünschte mir Glück, mahnte zur Vorsicht und dann verabschiedete ich mich auch schon wieder. Zurück beim Bike und der Tusse angelangt, drückte ich ihr den Helm in die Hand, sie schwang sich auf den Sozius und dann waren wir auch schon weg. Glück gehabt, dachte ich mir noch am Heimweg. Und dass wars dann auch mit dieser Geschichte und auch mit meiner kurzen Liaison, die von vornherein zum Scheitern verurteilt war.

Am darauffolgenden Montag musste ich Überstunden machen, sollte aber noch auf die Bank, um Kohle für meinen Unterhalt zu holen. Es war schon knapp vor Bankschluss, also gab ich meinem Bock die Sporen. Ich knallte raus auf die Straße, es war eine lange Gerade, leider mit Überholverbot, auf das ich aber keine Rücksicht nehmen konnte. Ich musste einen Sattelzug überholen und als ich dann vor dem LKW wieder zum Einscheren kam, sah ich am Straßenrand einen Bullen, der gerade seine weiße Maus startete. Na Bravo, das hatte mir grad noch gefehlt. Ich bog noch in die Straße ein, die ich zur Bank nehmen musste, fuhr noch über die Ybbsbrücke, stellte mich an den Straßenrand, packte meine Papiere aus und war in froher Erwartung. Nach kurzer Zeit kam auch schon mein Freund und Helfer, hielt bei mir an, schob nur sein Visier hoch, sah mich an und fragte: „Kennen wir uns nicht?“

Ich sah genauer unter den Helm, grinste und nickte. Es war der neue Gesetzestreue aus Kematen, den ich am Samstag kennengelernt hatte. „OK, heute lass mas mal durchgehen, aber nächstes Mal zahlst! Schönen Abend noch!“ Er startete seinen Hobel und suchte wieder das Weite. Ich konnte es nicht glauben, dass er so ein kulanter Mensch war. Es sollte nicht sein Schaden sein, denn die nächsten Jahre trafen wir oft zusammen und er konnte immer auf meine Hilfe zählen. Das Gute zuletzt: Zur Bank bin ich an diesem Tag auch noch pünktlich gekommen.

Eiskalt erwischt

Es war Winter, für mich kein Grund, mein Bike stehen zu lassen. Na gut, vielleicht lag es ja daran, dass ich kein Auto hatte. Endlich war Freitag, der Job lag hinter mir und einem chilligen Wochenende stand nichts mehr im Wege. Schnell noch unter die Dusche, Tussenerreger aufgetragen, rein in die Bikerpanier und ab auf die Piste.

Als ich meine Honda bestieg, wusste ich noch nicht, was an diesem Tage auf mich zukommen würde. Dieser Tag war kalt und es nieselte leicht, es war nervig, aber kein Grund, um auf ein spaßiges und chilliges Feierabend-Colarot zu verzichten. Ich fuhr bei Ossi vor und war verwundert, dass noch niemand von meinen Brüdern hier war. Im Café war noch niemand, nur die Kellnerin versah ihren Dienst. Sie war froh, dass endlich jemand ankam, mit dem sie zumindest etwas plauschen konnte. So nach und nach kamen wenigstens ein paar Gäste. Doch noch keiner meiner Jungs war dabei. Langsam breitete sich Fadisierung aus und ich dachte schon wieder daran nach Hause zu fahren. Aber bevor ich abdampfte, vergewaltigte ich noch den Flipper, das war meist mein Ritual wenn's fad war. Nach einigen Kugeln wollte ich noch an der Bar eins trinken und dann den Heimweg antreten. Doch als ich aus dem Spielzimmer wieder ins Café kam, sah ich einige bekannte Gesichter und es war nix mehr mit nach Hause fahren.

„Wie sieht's aus, geh ma a ruhige Kugel schieben in den Keller?", fragte ich durch die Runde. Kurz wurde noch Geld für die Kegelbahn gewechselt, dann gings auch schon ab in den Keller. Wir kegelten schon eine Weile, als Gabi, die Kellnerin, die in der Bar Dienst hatte, eintrudelte und endlich aufsperrte. Es war ja schon mühsam, unsere Säfte immer vom Café einen Stock höher abzuholen. Nach ein paar Stunden kegeln genügte es auch schon und wir verlagerten den Abend an unserem Stammtisch in der Kellerbar.

Plötzlich sprang die Tür auf und herein kam einer unserer Jungs mit ein paar Kollegen. Klausi war einer unserer neueren Mitglieder. Sie kamen fast direkt von der Arbeit. Ihr Zustand verriet, dass sie zumindest eine Zwischenstation eingelegt hatten. Es dauerte nicht lange und seine Kollegen wollten schon wieder weiterziehen. Als sie an uns vorbei hinausgehen wollten, bremste sich Klausi ein. „He Opi, de wollen alle noch ins Gig, mich interessiert des aber nicht, kannst mi später mit nach Hause nehmen?“

Natürlich machte ich ihm die Freude. Er verabschiedete noch seine Kollegen und dann saß er auch schon an unserem Tisch und wir hatten großen Spaß. Wir tranken noch ein paar, fachsimpelten und spielten auch noch Karten. Als ich dann schon etwas müde wurde, packte ich Klausi und wir machten uns auf den Weg nach Hause.

Als wir oben am Ausgang ankamen, traf mich fast der Schlag. Ich sah mein Moped von einer so an die dreißig Zentimeter hohen Schneeschicht bedeckt. Beide standen wir da und konnten es kaum fassen. Während wir in der Kellerbar saßen, die ja leider ohne Fenster ausgestattet war, wurde aus dem leichten Nieseln bei der Ankunft ein richtiger Schneesturm. Naja, man glaubt es kaum, wie viel Schnee so in acht Stunden beim Wirtebesuch zusammenkommt. Klausi sah mich an und meinte: „Bei dem Wetter wirst du mich wohl nicht mehr nach Hause fahren wollen, oder?“ Er war noch neu bei uns, darum die blöde Frage, denn er wusste noch nicht, dass bei uns Abmachungen immer eingehalten werden. Als ich meine Honda mal vom vielen Schnee befreite, dachte ich schon, dass ich wahrscheinlich diese Nacht nicht nach Hause kommen würde. Im Gegensatz zu heut, wurde früher die Schneeräumung nicht so intensiv betrieben. Wir sattelten auf und versuchten mal vom Parkplatz weg und auf die Hauptstraße zu kommen. Klausi war in Neufurth zu Hause, bis dahin ging es wenigstens immer flach dahin, aber was ist dann mit dem Rest zu mir nach Hause? Mir schossen viele Szenarien durch den Kopf, aber keine befriedigte mich wirklich. Als ich meinen Beifahrer gut nach Hause gebracht hatte und wir uns verabschiedet hatten, ging es dann ab zur ersten Bergwertung, der „Podestlberg“, gleich nach einer eher besseren Linkskurve, ging es dann gleich den Berg hinauf. Ich muss nicht dazusagen, dass meine Promille bereits in Schweiß umgewandelt wurden. Ich war seit der Abfahrt von Ossi hoch konzentriert und versuchte, den Berg, der im Tiefschnee fast unmöglich erklimmbar war, zu bewältigen. Ich hatte Glück, ich kam beim ersten Versuch bis nach oben und war froh, es geschafft zu haben. Nun konnte mich nichts mehr aufhalten, zumindest dachte ich das. Ich konnte ja nicht ahnen, dass dieser frische Schnee vom Winde verweht wurde.

Auf der Straße zwischen Dorf Hausmening und Wallmersdorf war so ein richtiges Windloch. Hier war es oft verweht, doch ich dachte nicht daran, dass es an diesem Tag auch so wäre. Also fuhr ich ohnehin schon im Tiefschnee und gab meinem Bock die Sporen, damit ich wenigstens nirgends zu stehen kommen würde. So in der Hälfte der beiden Dörfer kam ich das erste Mal in eine besonders feste Schneewehe. Es schleuderte mich durch diese gepresste Schneeschicht und ich war froh, als ich sturzfrei durch war. Ich konnte ja nicht ahnen, dass es noch dicker kommen würde. Keine fünfzig Meter weiter kam auch schon die nächste Schneezunge. Ich sah sie kaum im Schneegestöber, das gerade wieder voll einsetzte. Den Lenker fest im Griff, so steuerte ich in die Schneewehe und hatte dabei auch Glück, dass ich nicht über die Armaturen abgeworfen wurde. Mein Vorderrad bohrte sich tief in den Schnee und plötzlich stand ich. Nix ging mehr. Ich stand fast wie festgefroren in einem Schneehaufen, der mir bis über die Radnaben reichte. Ich konnte mein Bike fast ohne Seitenständer stehen lassen, so fest steckte ich fest. Nun ging nichts mehr, das Hinterrad fand keinen Grip mehr. Was nun?, dachte ich. Ich grub mit meinem Bein mal ein Loch für den Seitenständer, damit ich zumindest absteigen konnte, um mir die Scheiße mal von allen Seiten anzusehen. Als meine Kleine sicher stand, begutachtete ich mal die Lage. Puhh, hoffnungslos! Es war noch ein ganzes Stück Schneewehe vor mir, Autos fuhren um diese Zeit auch nicht, also war ich auf mich allein gestellt. Mitten im Schneegestöber hatte ich nur eine Möglichkeit, ich musste mein Moped freigraben. Mit beiden Händen grub ich Vollgas durch den Schnee, bis ich eine Motorblockbreite, so an die zehn Meter, ausgegraben hatte. Danach warf ich meine Honda an und gab Stoff. Es funktionierte, mit dem Schwung, den ich hatte, grub sich mein Moped durch die gesamte Schneewehe und ich schaffte es bis ins Ortsgebiet. Beim Wallmersdorfer Dorfwirt blieb ich mal erschöpft stehen. Hier war es windgeschützt, da konnte ich mal ein Entspannungszigarrettchen rauchen. Ich war kaum bei der Hälfte angelangt, als ich plötzlich ein orange blinkendes

Licht samt Krawall herankommen sah. Es waren die Jungs mit dem Schneepflug, die sich ihren Weg durch die Schneehölle bahnten.

Ich wusste, nicht wie ich mich fühlen sollte, angefressen, weil sie nicht früher kamen, oder glücklich, dass ich nicht mehr in der Schneewehe steckte und sie mich vielleicht hätten übersehen können. Nach dem Zigarrettchen setzte ich meine Fahrt fort, nun hatte ich ja nicht mehr so viel Tiefschnee. Aber eines hatte ich in meinem Leben noch nie, dass ich bei so einem Wetter so sehr verschwitzt nach Hause kam.

Die Giraffe der Nacht

Wie es im Leben des richtigen Bikers so ist, kann er sich meist das Wetter nicht aussuchen. So sollte es auch an diesem Abend sein. Wie so oft ließ ich mir mein Feierabendbierchen von ein bisschen Kälte und Regen nicht vermiesen. Wie üblich fuhr ich zu Ossi, denn zu ein paar Säften gehörte auch eine Runde Kegeln und zum krönenden Abschluss wurde auch wie immer geflippert. Als ich danach nach Hause fahren wollte, hatte ich ein Déjà-vu. Nein, nicht schon wieder! Meine Honda war schon wieder unter einer dicken Schneeschicht versteckt. Zum Glück war ich auf Schnee keineswegs vorbereitet. Ich hatte meine Cowboystiefel an, sie hatten eine glatte Sohle und waren dadurch kaum für Schnee geeignet. Aber ein Biker ist nur dann ein richtiger Biker, wenn Probleme nur mehr zu einer kleinen Herausforderung werden. Nachdem ich wieder einmal meine Mühle vom Schnee befreit hatte, bemerkte ich, dass sich der Regen vom Abend unter dem Schnee in eine Eisschicht verwandelt hatte. Naja, vorsichtiges Fahren wird schon genügen und es wird schon nicht so schlimm werden, dachte ich. Als ich aber schon im Ortsgebiet Probleme mit dem beschleunigen hatte und immer fast abdriftete, machte ich mir schon Gedanken, wie ich meine Berge nach Hause bewältigen würde. Ich fuhr wie auf rohen Eiern, denn es war nicht leicht, Hondas zweihundertvierzig Kilo im Zaum zu halten. Es funktionierte nicht schlecht, bis ich auf Höhe „Haidhof“ zur Kreuzung kam, wo ich abbiegen wollte. Sanft bremste ich meine Kleine, auch beim Herunterschalten ließ ich mein vollstes Feingefühl walten. Doch es half alles nichts. Kurz vor der Kreuzung versteckte sich eine Eisplatte unter dem Schnee. Ich kam ins Straucheln, hatte sofort die Füße am Boden, doch es half nichts, meine Honda fiel zwischen meinen Haxen um und mir rutschten meine Beinchen auseinander, wie einer Giraffe an der Tränke. Also lag ich mitten in der Nacht auf der Kreuzung wie eine erlegte Giraffe. Ich sprang wild fluchend auf und versuchte mit meinen glatten Stiefeletten auch mein Moped hochzuwuchten. Als ich es dann im Schweiße meines Angesichtes endlich schaffte, hörte ich aus der Tiefe der Finsternis eine fragende Stimme: „Naaa, hods di auf de Pappm khaut?"

Ich erwiderte ein bisschen angefressen: „Na, i bieg immer so ab, wenn i an a Kreuzung komm!"

Es war Hermann, ein eingefleischter Freund des Alkohols, der auch gerade zu Fuß nach Hause gehen wollte. Ich zerrte mein Bike noch schnell an den Straßenrand und rauchte nach dem ersten Frust noch eine mit Hermann. Während wir noch etwas über Belangloses blödelten, dachte ich schon nach, wie ich am besten meine Berge bezwingen könnte, wenn es schon im Flachen so scheiße war.

Nachdem wir ausgeraucht und uns verabschiedet hatten, nahm ich meinen nächsten Teil des Abenteuers in Angriff. Zuerst ging es eine Doppelkurve den leichten Abhang hinunter zur Ybbsbrücke, das ging ja noch ganz vorsichtig. Nach der Brücke war dann eine scharfe Linkskurve und direkt danach ein steiler Berg mit 18% Steigung. Ich wusste, ich habe nur einen Versuch, um hier hochzukommen. Also gab ich gleich nach dem Scheitelpunkt der Kurve voll Stoff und erklomm den bösen Berg, zumindest fast. Ich war beinahe oben angekommen, vielleicht noch zehn Meter, ein kleiner Schnapper und ich hätte es geschafft gehabt. Doch es wollte nicht so sein. Wie der Teufel es eben so haben wollte, blieb ich hängen und das Hinterrad drehte durch. Aus und vorbei, dachte ich, doch es wurde noch schlimmer. Plötzlich fing meine Maschine an, rückwärts wieder den Berg hinabzurutschen. Ich bekam leichte Panik und wusste mir keine Lösung, das Abrutschen zu vermeiden. Doch irgendwie, ich weiß nicht, aus Reflex oder was auch immer, aber mit viel Glück, zog ich meine Vorderbremse. Das Vorderrad begann im stehenden Zustand schneller zu rutschen als der Rest meines Mopeds, es drehte mich ein und plötzlich stand ich in Fahrtrichtung nach unten auf der Straße und es ging mit mir bergab. Ich wusste, dass ich unten die Kurve auf die Brücke ohne Sturz nicht hinbringen würde, also ließ ich mein Ross vor der Kurve geradeaus weiterlaufen, hier war ja auch ein Weg zum alten Mühlenkraftwerk. Es ging hier noch ein Stück nach unten und an der anderen Seite über eine schneebedeckte Wiese wieder hoch, bis ich auch mit vollem Schub wieder nicht mehr weiterkam. Ich wendete meine Maschine, checkte kurz die Lage und gab der Honda die Sporen. Mit einer hohen Anlaufgeschwindigkeit näherte ich mich wieder der Hauptstraße, fuhr aber nicht auf der rechten Straßenseite nach oben, wo ich zuvor zu stehen kam, sondern benutzte den linken Straßenrand, denn hier wusste ich, dass unter dem Schnee viel Kies lag und mein Moped hier mehr Grip haben würde. Ich ratterte den Berg hoch, als wäre das alles kein Problem, doch als ich dann oben ankam, war ich sichtlich erleichtert. Während meiner Fahrt durch Kröllendorf hatte ich aber schon wieder mein nächstes Problem vor Augen, den YO-Berg. Dieser Hügel war wie der kleine Bruder des Ybbsberges, nicht so steil, aber hatte am Fuße auch eine böse Linkskurve, aber weit und breit keine Gelegenheit Anlauf zu nehmen. Also schnitt ich die Kurve so gut es ging und fuhr auch auf der linken Straßenseite hoch. Diesmal hatte ich kein Problem und konnte meine Fahrt ohne Unterbrechung fortführen. Von nun an dachte ich, die ganzen Probleme meiner Heimreise hinter mir zu haben. Es waren ja keine Berge oder sonstige Hindernisse mehr vor mir. Komisch, wie man sich täuschen kann.

Ungefähr auf halber Wegstrecke zwischen Kröllendorf und Hiesbach stieg die Straße etwas an. Kaum nennenswert, aber, wie es schien, mit Eis und schneebedeckt etwas böse für Zweiräder. Die Straße hatte nicht nur einen kleinen Anstieg, nein, sie hatte auch eine leichte Neigung nach links, die ich am trockenen Asphalt noch nie wirklich spürte. Ich steuerte mein Krad nach oben und merkte, dass ich kontinuierlich, ohne mich wehren zu können, immer weiter nach links abdriftete. Knapp nach der Hälfte der Geraden war ich schon am linken Straßenrand und kam nicht mehr weiter. Ich wendete mein Eisen und fuhr die Gerade wieder zurück, bis an den Ort, wo ich wieder neuen Anlauf nehmen konnte. Der zweite Versuch war schon besser, aber ich kam immer noch nicht über die Kuppe. Der dritte Versuch brachte mich dann endlich weg von diesem bösartigen Straßenstück.

Nun war es nicht mehr weit bis an mein Ziel. Als ich zu Hause voll verschwitzt, aber glücklich und ohne Unfall ankam, steckte ich mir noch ein Zigarrettchen an. Ich ließ meine Odyssee noch einmal Revue passieren und kam zu dem Entschluss, über die Wintermonate immer zu Fuß nach Kematen zu gehen, das war einfacher und nicht so nervenaufreibend.

Im Krankenhaus mit einer Leiche

Auf einem früheren Motorradtreffen lernten wir einen Club kennen, deren Mitglieder waren ein echt feiner Haufen. Damals wurden wir von ihnen schon vorgewarnt, wenn sie ihre Clubhausparty veranstalten, müssen wir unbedingt vorbeikommen. Nun war es endlich so weit und die Einladung trudelte offiziell ein.

Die Woche vor der Party hatte ich schon Urlaub, leider. Irgendwie war ich in dieser Woche für nichts zu gebrauchen. Die Party war auch erst für Samstag angesagt, war ja noch reichlich Zeit bis dahin. Spontan entschloss ich mich schon früher zu unseren Freunden anzureisen. Es war Donnerstag abends, so gegen halb acht montierte ich meinen Schlafsack und machte mich auf in Richtung Weikersdorf. Es dauerte nicht lange, ich überquerte gerade den Felberbauern, das fing es auch schon an zu regnen. Mein Weg führte mich über Scheibbs und Kirchberg nach Lilienfeld. Es war ungefähr die Hälfte meines Weges, wo ich dachte, dass ich eher einen Schwimmreifen brauchen würde anstatt meines Bikes. Es reichte, ich wollte nicht mehr weiter. Als ich durch Lilienfeld fuhr, sah ich am Straßenrand einen Baukomplex, der für mich ideal zum Rasten wäre. Es waren zwei Gebäude, verbunden mit einem Übergang. Optimal um eine zu rauchen ohne wie aus Kübeln angeschüttet zu werden. Als ich so die Trockenheit genoss, kam mir die Idee, dass ich eigentlich hier biwakieren könnte. Nach kurzem Überlegen machte ich mich auch schon daran, mein Lager gemütlich einzurichten. Nun ja, der Übergang schützte mich ja gegen den Regen von oben, aber der eher kalte Wind machte mir Sorgen. Also kreativ werden! Es standen einige Autos der Bewohner hier im trockenen, also dachte ich mir, ich rutsche mit meinem Schlafsack einfach unter die Front eines Fahrzeuges und schon wird der Wind erträglicher und meine Ruhelager komfortabler. Ja, ich war ein Fuchs. Am nächsten Morgen, es war eine etwas harte Nacht am Asphalt, wurde ich durch ein lautes Motorengeräusch geweckt, welches direkt über mir brummte. Genau der Besitzer dieser Karre musste freitags früh morgens zur Arbeit. Zum Glück konnte er nur rückwärts ausparken, denn mich hätte der nie gesehen, denn nachts kuschelte ich mich immer tiefer unter das Fahrzeug, bis ich nicht mehr zu sehen war.

Wenn schon mein Windfang abhaute, könnte ich ja auch gleich aufstehen, dachte ich. Ich krabbelte aus meinem Schlafsack, putzte mir schnell mal die Zähne mit einer „Futter für die Kuh-Mundspülung“ und machte mich danach auf den Weg, ein Frühstückslokal zu suchen. Nachdem ich eines gefunden und da auch ausgiebig geschnattert hatte, machte ich mich auf den Weg auf meine letzte Etappe. Diese führte mich über die „Kalte Kuchl“ nach Weikersdorf. Dort angekommen, war das Clubhaus auch gleich gefunden. Hier war alles ein bisschen anders als bei uns, hier wohnten einige Clubmitglieder. Es war richtig urig, das Clubhaus war ein alter Bauernhof, straßenseitig war das Wohngebäude, umschlossen von einem hohen Holzzaun. Das große Tor zum Innenhof war geöffnet, also fuhr ich durch und befand mich inmitten des Gehöfts, wo ich dachte, in einem anderen Jahrhundert angekommen zu sein. Während ich meinen Helm abnahm, kam auch schon ein Mädel aus dem Wohnhaus rausgelaufen. „Hey Opi, ich denke, du bist etwas früh dran, die Party ist ja erst morgen!"

„Ich weiß!", entgegnete ich, „Ich wollte nur mal die Gegend auskundschaften, damit morgen meine Kumpels gleich wissen, wo sie hinmüssen."

Sie bat mich rein in die gute Stube, wo schon einige dabei waren, sich ein Gutenmorgentütchen zu drehen und dazu etwas Morgenwein zu schlürfen. Sofort wurde ich von ihnen zum Frühstück eingeladen und schon ging es los. Bei einem Gutenmorgendosenbier erzählte ich ihnen über meine Anfahrt, was mit Gelächter und dummen Sprüchen kommentiert wurde. Mir war es egal, meine Sachen waren ja teilweise schon wieder trocken. Den ganzen restlichen Tag wurde dann ein bisschen für die Party hergerichtet, dabei lief hauptsächlich der Schmäh und jede Menge Biere.

Es wurde langsam Abend und bevor ich nicht mehr schön sprechen konnte, ging ich noch schnell ins Dorf zur Telefonzelle (ja, da gab's noch keine Handys), an der ich am Morgen vorbeigefahren war, um schnell mal Geggi anzurufen, welche Strecke sie am nächsten Tag bei der Anreise nehmen sollten und wo das Ziel sei.

Nachdem ich meine Pflicht erledigt hatte, schlenderte ich wieder zurück zum Clubhaus. Dort wartete schon mein nächstes Dosenbierchen. Der Abend setzte sich fort, mit viel Medizin und Flachsereien, es war ein echt gemütlicher Ausklang eines starken Tages. Der „Doctor", ein ehemaliger Arzt und aktives Mitglied des Clubs, fragte mich, ob ich auch an das „Futter für die Kuh" dachte, dass ich ihm beim letzten Wiedersehen versprochen hatte. Klar hatte ich es an meinem Gürtel immer dabei, ich zeigte es ihm und sah, wie ein seliger Blick in sein Gesicht stieg.

„Gekostet wird aber erst Morgen!“

Als es dann Zeit wurde, sich in die Waagerechte zu schmeißen, luden sie mich ein, bei ihnen im Haus zu schlafen und nicht am Heuschober in der Scheune. Na, das war ein Privileg! Die nette Empfangsdame wies mir ein schönes Bettchen zu, wo ich mich endlich in Ruhe ausstrecken konnte. Als dann das Licht ausging, spürte ich auf einmal, dass ich hier nicht alleine war. Ich wusste ja nicht, dass dieses Bettchen schon jemandem gehörte, nämlich der netten Empfangsdame. Ich spürte, wie sie langsam an mir hochkrabbelte, mich gekonnt von meinen letzten Textilien befreite und an mir rumknabberte. Nachdem sie mich dann auch noch mit ihren Beinchen in den Schwitzkasten nahm, konnte ich trotz großer Bemühungen nicht mehr entfliehen.

Am nächsten Morgen erwachte ich aus einem äußerst unruhigen Schlaf, aber ich blieb noch etwas im Bett. Als ich so geistesverloren in die Luft sah, merkte ich, dass der „Doc“ nebenan langsam zu sich kam. Er setzte sich auf im Bett und ich dachte, er hätte Fieber samt Schüttelfrost. Er war blass und hatte zittrige Hände, er gefiel mir nicht wirklich. Als er aber dann nach dem Doppler-Wein griff, der auf seinem Nachttisch stand, und einen herzhaften Schluck nahm, sah man, dass wie durch Geisterhand Heilung einsetzte. Kein Zittern mehr. Ich war verblüfft, wenn ich so einen Schluck auf nüchternen Magen nehmen würde, ich täte sterben. Doch nicht Doc, er stand auf, machte sich etwas frisch und nahm sich seinen Doppler mit für's Frühstück. Gemeinsam saßen wir am Tisch und jeder nahm sein eigenes Frühstück ein. Kakao, Bier, Wein und auf betteln vom Doc, gab's für ihn mal den ersten Kontakt mit dem Futter für die Kuh. So was hatte ich zuvor noch nie gesehen. Wo jeder andere beim ersten Schluck fast explodierte, nahm er eine Ladung zu sich wie wir Normalsterblichen Mineralwasser. Aber man merkte, dass er sich fitter fühlte.

Wie am Vortag ging‘s dann auch am Samstag weiter, kurz vor Mittag hatte ich schon wieder einen kleben, unvorstellbar. Natürlich wird man auch mutiger und cooler, je mehr angesoffen man ist. In diesem Clubhaus gab es ja nur Dosenbier. Als ich dann auch schon mein optimales Quantum übersprungen hatte, war es dann so weit. Normale Menschen machen die Dose mit dem dafür angebrachten Ritschverschluss auf, doch das war mir zu simpel. Ich nahm meinen Springer, zog durch und stach die Dose auf. Cooool, was? Wenn nicht das Problem mit der Geraden gewesen wäre. Der Einstich war schon richtig, aber die Spitze drang auf der Seite durch die Dose und tief in den Zeigefinger meiner Hand, die die Dose festhielt. Ich spürte keinen Schmerz, doch sah jede Menge Blut an meinem Getränk hinabfließen.

Nach genauerem Hinsehen merkten „Leiche“, das war der Nick meines Saufkumpanes, und ich, dass dies ein Fall für einen professionellen Schneider wäre. Zumindest sollte sich das mal ein Arzt ansehen und mal eine kleine Naht drübernähen. Nachdem wir die Blutung etwas gestoppt hatten, verfrachtete mich die Leiche auf seinen Sozius und kutschierte mich ins Wr. Neustädter Krankenhaus. Dort angekommen hieß es nach der Anmeldung warten. Warum, wussten wir beide nicht, denn es war Samstagmittag und es war ja alles leer, warum dann die Wartezeit? So nach einer halben Stunde verließ mich dann meine selbst angesoffene Narkose und der Finger begann etwas zu schmerzen.

„Vielleicht sollten wir mal eine rauchen?“, bemerkte die Leiche. Na hilft’s nicht, so schadet’s nicht. Wir steckten uns eine Kippe an und siehe da, es dauerte nicht lang und schon stand eine Schwester vor uns. Ihr Erscheinungsbild kam einem Wrestler ziemlich nahe und ihr böser Blick sprach Bände. „Seid ihr zwei denn verrückt? Dies hier ist der Wartebereich eines Krankenhauses! Wie kommt ihr Idioten darauf, hier einen Glimmstängel anzumachen? Außerdem ist genau über euch ein Rauchen-verboten-Schild. Was denkt ihr wohl, was das bedeutet?!“

Beide sahen wir sie nach diesem Referat beeindruckt an und wie es ihr Wunsch war, warfen wir die Tschick auf den Boden und traten sie aus. Der Farbe ihres Kopfes entnahm ich, dass dies aber nicht so gemeint war. Sie schnappte mich am Arm und zog mich neben sich her in den Röntgenraum, machte schnell ein paar Bildchen von meinem Finger und warf mich danach wieder in den Wartebereich zu meiner Leiche. „Hier warten, ich komme gleich wieder!“, waren ihre letzten Worte und danach verschwand sie hinter einer Türe.

Kurz darauf sprang diese Türe wieder auf und ein netter Arzt begehrte mein Kommen. Ich stiefelte ihm nach und nahm neben meiner neuen Lieblingsschwester Platz. Während mir der Arzt noch eine Predigt über das Verhalten im Krankenhausbereich hielt, bereitete mir Schwester Eisenhand meinen Finger für ein paar Stiche vor. Nach ein paar Minuten hatte ich dann auch schon eine wunderschöne Naht am mittleren Fingergelenk. Darüber, weil es so schön war, bekam ich noch einen Gips über den halben Unterarm verpasst.

„Montag kommen Sie wieder zur Kontrolle!", sprach der Doc.

„Ich fahre morgen schon wieder nach Hause, ich kann nicht kommen!", war meine Antwort.

„Na gut, kommen Sie morgen nochmal zur Kontrolle und dann können Sie nach Hause!"

Ich nickte und machte mich wieder auf den Weg zu meiner Leiche, die schon etwas fadisiert auf mich wartete. „Na endlich, ich dachte, du kommst gar nicht mehr raus."

Nach einer letzten Zigarette vor dem Krankenhaus sattelten wir wieder auf und fuhren zurück zum Clubhaus.

Als wir da ankamen, sah ich schon einige bekannte Gesichter, die sich schon fragten, wo ich denn abgeblieben sei. Inzwischen waren ja meine Kumpels und Kumpelinen meiner Ochtahoiwa angekommen. Sie machten sich schon Sorgen um mich, denn das Einzige, was sie erfuhren, war, dass ich ins Krankenhaus musste. Ich zeigte ihnen meinen nagelneuen weiß strahlenden Gips und erzählte ihnen auch, warum ich so ein schönes Händchen bekam.

Danach gings dann richtig zur Sache, es kamen nach und nach weitere Gäste und es wurde langsam voll. Die Stimmung hob sich stündlich, laute Musik dröhnte aus der Dose und alle waren gut drauf. Aber wie alles im Leben, ging auch diese Party zu ende. Der Morgen graute und während die letzten Harten kollabierten, waren die ersten schon wieder auf den Beinen.

Natürlich musste ich auch früh raus, denn ich musste ja noch meinen Lieblingsarzt aufsuchen. Als ich auf mein Bike aufspringen wollte, merkte ich, dass mir der nette Medizinmann meinen Zeigefinger abgewinkelt auf die Schiene geschnallt hatte. Na toll, kuppeln war also unmöglich. Aber wer so kreativ ist wie ich, der hat immer eine Idee. Ich bog meinen Haken so hin, dass er genau in den freien Raum zwischen Griff und Hebel passte. Kurz probiert, für gut empfunden und gleich mal in der Praxis erprobt. Nun hielt mich auf dem Weg zum Krankenhaus nichts mehr auf. Dort angekommen traf ich nach der Anmeldung gleich meinen Medizinmann, der gerade auf dem Weg zur Ambulanz war. Er bat mich gleich mitzukommen und wollte sich sein Kunstwerk mal ansehen. Als ich ihm meinen erst einen Tag alten Gips zeigte, bekam er kurzfristig Schnappatmung, um mir danach ein weiteres Mal die Leviten zu lesen. Ich hatte noch nie einen Arzt so wütend gesehen. Der Grund: Meine sogenannte Gipshand sah eher aus als hätte ich damit unter einer Straßenwalze gelegen. Von oben bis unten war er aufgeweicht, stank nach reichlich Alkohol und an den offenen Stellen ragte Stroh von meinem Nachtlager heraus. Mit hochrotem Kopf wetterte der Mediziner: „Ihr jungen Idioten, ihr solltet mal eure Behelfe selber zahlen, damit ihr endlich mal darauf aufpasst. Das kann doch nicht sein, dass man in einer Nacht seinen frischen Gips so vernichten kann!"

Ich ließ ihn eine Weile zetern, aber dann reichte es mir doch und ich musste da auch mal einen Kommentar abgeben: „Is mir doch scheißegal ob ich dieses Teil trage oder nicht, ich brauche so was nicht!" Ich sprang auf und wollte schon abhauen, als mich der Doc am Arm packte und mich wieder auf den Stuhl drückte. „Bleiben Sie hier, wir machen eine Schicht Gips darüber, dass alles wenigstens bis nach Amstetten zusammenhält."

Ich schob dann doch in Gottes Namen meine Lederjacke hoch und der Mediziner begann Runde um Runde seine Gipsbandagen um meinen zerstörten Gips zu legen. Nach getaner Arbeit wünschte er mir noch ein gutes nach Hause kommen und hoffte, dass wir uns nie wiedersehen müssten.

Beim Verlassen der Klinik rauchte ich mir noch eine Entspannungskippe an und schlenderte zu meinem Moped. Dort angekommen, warf ich die Tschick weg, steckte meinen Schlüssel ins Schloss und wollte meine Lederjacke wieder über den Unterarm runterziehen, doch scheiße, der Medizinmann hatte mir so dicke Gipswickel gemacht, dass ich die Jacke nicht mehr über den Gips drüber brachte.

Na egal, dachte ich, fahren wir eben so nach Hause, ist ja nicht so kalt. Als ich zum Clubhaus der Roses zurückkam, waren die meisten bereits fertig für die Abfahrt nach Hause. Während die einen schon fertig gefrühstückt hatten, versuchten wir mal die restlichen verschollenen Mitglieder unseres Clubs aus dem Heuschober zu bergen und heimfahrtauglich zu machen. Zu Mittag war es dann so weit, es waren alle wieder da und gemeinsam mit dem Nachbarclub, den Lone Wolves, machten wir uns bereit zur Abfahrt. Wir verabschiedeten uns von den Gastgebern, wünschten uns ein baldiges Wiedersehen und verließen den Ort in Richtung Heimat.

Natürlich fuhren wir eine andere Route nach Hause, denn die Führung übernahm der Roadcaptain der Wolves. Wir fuhren durchs Helenental und weil wir ja eine Riesentruppe von so fünfundzwanzig Bikes waren, machte dieser Tross auch einen Heidenlärm. Das rief natürlich am Ortsanfang von Weißenbach an der Triesting den hiesigen Sheriff sofort auf den Plan. Gleich am Ortsanfang winkte uns der von Gottes Gnaden bestimmte Officer. Die Karawane hielt natürlich brav am Straßenrand an und ließ die Überprüfung des Ordnungshüters über sich ergehen. Ziemlich am Schluss der Kolonne stand ich als illegaler Fahrzeugführer, denn mit Gips sollte man ja eigentlich nicht Moped fahren. Nun war ja wiedermal gutes Rad teuer. Da ja dieser Gesetzeshüter eher alles sehr genau nahm, dauerte unser Stopp schon eine gefühlte Ewigkeit. Da ja bis zu mir noch einige Biker waren, ging ich inzwischen ganz verdeckt gegenüber an die Tanke, um einen Kaffee und Kaugummi zu ordern. Der Tankwart grinste mir beim Kassieren entgegen: „Na ihr habt aber auch Glück, habt ausgerechnet den Bullen erwischt, der sogar regelmäßig seine Verwandten anzeigt und ihnen Strafzettel auf's Auge drückt."

Toll, wenn der dann zu mir kommt, wird er mich wohl abführen. Doch ich hatte Glück, zu mir kam er nicht mehr. Zum einen hatte er schon von den ersten Fahrern genug an Strafen eingesammelt und zum anderen wurde er über Funk zu einem Einsatz gerufen. Nochmal gut gegangen. Als wir dann endlich wieder in Fahrt waren, konnte ich es kaum mehr erwarten, nach Hause zu kommen. Dieses lange Wochenende hat bei mir Spuren hinterlassen und ich war schon furchtbar müde.

Als wir endlich bei unserem Clubwirt Ossi ankamen tranken wir noch schnell ein Abschlussbierchen und dann gings ab nach Hause. Zu Hause angelangt wollte ich nur mehr ins Bett, also wollte ich die Lederjacke ausziehen, doch dies ging ja nicht. Na super, dachte ich, jetzt kann ich, bis der Gips runterkommt, mit der Lederjacke ins Bett gehen! Doch dann kam mir die Erleuchtung: Wenn ich den Arm der Jacke eine Weile in eine Wanne mit Wasser halte, wird sie ja weiter und vielleicht bringe ich sie dann auch über den Gips. Sofort probierte ich dies und wirklich, nach einigen Versuchen von ziehen und zerren, gelang es mir und ich konnte danach endlich schlafen gehen. Mann, was für ein Wochenende.

Weißenbach
a.d. Triesting
18

Der bittere Kuchen

Wir vom Land hatten damals nicht wirklich viel von der großen Welt und ihren Tücken gewusst. Von einer kleinen Unwissenheit in unserem Club möchte ich nun kurz erzählen. Ich weiß nicht mehr genau, wer aus unserem Club ihn hergezaubert hat, aber es war ein Biker aus Oberösterreich, den wir kennenlernen durften. Er arbeitete als Monteur in unserer ansässigen Papierfabrik. Ein geiler Typ, genau wie man sich einen richtigen Biker vorstellt. Ein großgewachsener, dunkler breitschultriger Hüne aber ein wirklich guter Kumpel. Er wurde sofort in unsere Kreise aufgenommen und er fühlte sich wohl bei uns. Gibt ja nix Schöneres als unter Gleichgesinnten zu sein. Sein Beruf hielt ihn schon einige Wochen in unserem Ort und unsere Freundschaft wurde immer tiefer. Eines Tages, wir saßen bei Ossi, unserem Clubwirten, zusammen, da lud er uns ein, ihn am kommenden Wochenende zu besuchen. Da feiere er seinen Geburtstag mit einigen Freunden. Klar sagten wir zu und einige Tage später waren wir schon auf dem Weg nach St. Marienkirchen. Wir waren eine größere Gruppe, die am besagten Tag, am frühen Nachmittag, angerauscht kam. Natürlich hatten wir auch unsere Clubmädels dabei, die bei dieser Geschichte die tragende Rolle spielten. Als wir bei ihm ankamen, waren seine Freunde im Garten versammelt und hatten schon mächtig Spaß. Als die allgemeine Begrüßung erledigt war, wurden auch schon Geschenke an das Geburtstagskind verteilt. Waren ja wirklich einige coole Dinge dabei, doch komischerweise freute er sich am meisten über einen selbst gebackenen Kuchen, den er von seinen vier Freunden überreicht bekam. Natürlich wurde dieser auch sofort in kleinere Stücke aufgeschnitten, damit auch alle eines verkosten konnten. Während wir vom Club alle ein paar Bierchen zwickten, tranken seine Freunde zum Kuchen ein Glas Milch dazu. Die Insider unseres Clans wussten, wieso, diejenigen, die es nicht wussten, tranken ihr Bierchen und kosteten auch vom Kuchen. Claudia, eine unserer größten Naschkatzen, bemerkte nur, dass der Kuchen vielleicht etwas mehr Zucker vertragen hätte. Diese Meldung brachte an diesem Tag die ersten Lachanfälle. Es dauerte nicht lange, da wurde bei den Mädels auch schon über jede Kleinigkeit unaufhörlich gelacht und noch ein paar Augenblicke später lagen sie auch schon am Boden. Sie erholten sich nicht mehr von ihren Lachanfällen und kamen kaum mehr auf die Beine. Die restlichen Gäste lachten sich deswegen auch fast zu Tode, denn sie wussten, was los war. Merke: Wenn ein Kuchen etwas ungesüßt schmeckt, dann bitte keinen Alkohol dazu einnehmen. Dieser Kuchen ist meist nicht wegen zuckerkranker Gäste ungesüßt, aber er sorgt dafür für gute Stimmung im Volke. Nach etlichen Stunden und einem kleinen Nickerchen erholten sich unsere Damen wieder. Am Abend gings dann zum Ritteressen, wo wir unsere Zuckertanten doch eher am Sozius hinbrachten, anstatt sie selber fahren zu lassen. Dieses Essen wurde richtig gut zelebriert, es gab einen Ritterschlag fürs Geburtstagskind, Claudia wurde unser auserwähltes Burgfräulein, die uns die Speisen servieren durfte. Sie war noch etwas wackelig von der Leckerei am Nachmittag, aber sie machte ihre Sache trotzdem gut. Es war ein wirklich gutes Mahl, mit sämtlichen Köstlichkeiten, die es in Österreichs Küche gab. Vollgefressen und zufrieden ging es danach auch wieder zurück zum

Haus vom Geburtstagskind, wo wir im Garten bis zum Morgengrauen weiterfeierten. Es war noch ein spaßiger Ausklang der Feier, den leider nicht mehr alle bis zum Schluss auskosten konnten.

Als unsere Mädels zum Frühstück aus ihrem Prinzessinnenschlaf erwachten und mal ihre Erlebnisse Revue passieren ließen, konnten sie sich nicht erklären, warum sie in so einem schlechten Zustand waren und einige Gedächtnislücken hatten, obwohl sie eigentlich gar nicht so viel tranken. Ach, hatten wir schon am schönsten Morgen viel gelacht, als wir ihre Gesichter sahen, als ihnen der Grund ihres schlimmen Allgemeinzustandes erklärt wurde. Zu Mittag waren endlich alle fahrtüchtig und wir machten uns wieder auf den etwas gemütlicheren Weg nach Hause. Diese Feier war auch noch lange ein Thema, über das wir noch viel lachen konnten.

Sheriff Bert

Es war wieder mal ein harter Arbeitstag und wie manchmal an solchen Tagen ging ich aus der Frühschicht und machte mich auf den direkten Weg in die Knochendiele. An diesem Tag hatte ich Leo im Schlepptau und wie es eben ist, wenn ich ein Clubmitglied bei mir hatte, zogen wir weiter durch den Kematner Nachmittag. Von der Knochendiele über Ossi, Schinki und der Oase bis hin zur Frau Poldi nach Rosenau. Natürlich, wenn man so viele Boxenstopps hat, wird man auch mal müde und will einfach nur nach Hause. In diesem Stadium brauchte man nicht mehr damit rechnen das Leo mitkommt. Also machte ich mich alleine auf den Heimweg. Ich hatte zwar ein paar Colarot intus, aber ich war trotzdem noch gut drauf, obwohl, anhalten würde mich kein Gesetzeshüter mehr dürfen. Na da fuhr ich eben äußerst vorsichtig und gemütlich nach Hause.

Ich ritt gerade an der Total Tankstelle vorbei. Ein Stück danach begann eine lang gezogene Rechtskurve. Genau in der halben Kurve mündete an der Innenseite eine Straße, wo justament kurz vor mir ein Auto blindlings herausfuhr. Da ja damals äußerst wenig Verkehr war und ich nicht mehr so stark abbremsen konnte, um mich hinter diesem Halunken anzureihen, setzte ich locker den Blinker und überholte ihn ganz geschmeidig. Als ich vor dem Auto auf Höhe Schussi wieder einscheren wollte, kam genau in diesem Moment ein Streifenwagen entgegen. Als der Fahrer des Streifenwagens mein Manöver erblickte, kam auch schon ein Arm aus der runtergekurbelten Seitenscheibe raus und deutete hysterisch an den Straßenrand. Na super, dachte ich, jetzt bin ich meinen Lappen los. In weiser Voraussicht parkte ich meine Honda auf dem Schotterparkplatz ein, um meinen Hinterreifen etwas zu tarnen. Während der Gesetzeshüter zurücksetzte und danach auf mich zurannte, atmete ich noch schnell ein paarmal tief durch, um meine Fahne etwas abzuschwächen. Als er gerade über die Straße rannte, schrie er schon von weitem: „Führerschein, Fahrzeugpapiere!!“

Als braver staatstreuer Bürger reichte ich ihm alle geforderten Unterlagen. Sein Studium dauerte nicht lange und schon hatte er etwas zu beanstanden. „Wieso ist in deiner Steuerkarte noch keine einzige Marke geklebt? Hier sollten schon sieben Marken kleben!“

Meine Erklärung: „Wissns, Herr Inspektor, i hab erst letztes Jahr a fast vollgepickte Karte verloren, des war a Haufen Geld des i ned hab. Jetzt kleb i erst vorm Abgeben, den Fehler mach i nimma!“

Er sah mich skeptisch an, aber gab sich mit meiner Antwort zufrieden. Die zweite Beanstandung fand er an meiner Überprüfungsplakette. „Du weißt aber schon, dass dei Pickerl scho fast acht Monat abgelaufen is?“

„Jo, Herr Oberst, i weiß, i hab nie a Geld dafür khabt und i hab ma dacht, es is besser wenn i Geld für‘s tanken hab, weil was hilfts, wenn i a Pickerl hab aber ned fahren kann!“

Das leuchtete ihm ein. Dann fuhr er mit den Fingern mal über meine Bremsscheibe am Vorderrad. „Do host a amoi vergessen, de Bremsbeläge zu wechseln, oder?“

„Nana, de hab i ned vergessen, de san imma nu ned getauscht, mach i aber alles ban Pickerltermin mit!“

Als nächstes stieg er auf meine Fußbremse und bevor er etwas sagen konnte, kam auch schon meine Antwort.

„Aber die Hinterbremse is voll ok, die bremst wie neu!“ Er sah mich daraufhin immer noch eher ungläubig an. Als er dann auch noch hinter mein Bike ging, zog’s mich etwas zusammen. Er sah sich das Profil meines Hinterreifens genauer an. Als er offenbar durch den Staub keines mehr sah, bückte er sich, aber sah immer noch keins. Er streckte seinen Zeigefinger und fuhr damit mal quer über den Gummi, sah nochmals genau hin und fragte mich: „War da mal a Profil a drauf?“

„I weiß!“, sagte ich. „Wird a ban Pickerl erneuert, is scho bestellt!“

Unser Sheriff schüttelte den Kopf und ließ seinen Blick wieder in meine Papiere wandern. Ich hatte ab diesen Zeitpunkt eher ein ungutes Gefühl, denn ab diesem Moment glaubte ich, dass er die kleine Fahne, die ich hatte, ins Spiel bringen und mir somit an Ort und Stelle den Deckel abnehmen würde. Plötzlich sah er mich scharf an und fragte mich resch: „Du weißt schon, dass hier 50 km/h gelten, oder?!“

Ich nickte.

„Du weißt aber auch, dass hier Überholverbot herrscht!“

Mein Kopf senkte sich weiter und mein Nicken wurde heftiger.

„Won du des e weißt, warum fährst dann so schnell und überholst vor meine Augen?“

Ich erklärte noch, dass es die beste Lösung war, denn ich wollte dem Auto die Stoßstange nicht verbiegen und absteigen über den Lenker kam für mich auch nicht in Frage. Er sah mich scharf an und sagte: „Das nächste Mal, wenn du unbedingt so an Blödsinn machen willst, dann sieh zu, das ich di ned seh dabei. Es hilft alles nichts, diesmal muss i dir 300 Ös abnehmen und versprich ma, dass du sowas nimma machst."

Ich sah ihn strahlend an, kramte 300erter aus meiner Börse und schob sie ihm rüber. Er quittierte dies mit den Worten: „Und jetzt schleichst di ham, i wü di heut nimma sehn!" Er schlurfte in Jangomanier zurück zu seinem Dienstwagen und brauste davon. Puhhh, ich war echt froh, dass er vielleicht etwas verkühlt war, oder so, sonst hätte ich meinen Lappen mit Sicherheit abgegeben.

Das blinde Auge des Gesetzes

Damals, wenn bezüglich Motorradtreffen nichts los war, trieb es mich manchmal nach Aschbach ins „GIG“ unseren Popperstadel, der eine Disco war. Im zarten Alter von so 18 Jahren war ich manchmal etwas ungestüm in meiner Fahrweise, so war es auch an diesem Tag. Normalerweise, wenn ich mal wieder etwas zu schnell war und von unserer Exekutive angehalten wurde, war ich immer einsichtig. Es gab kein Aufmucken, kein Rausreden, was war, das war. Ich bezahlte mein Ticket ohne Murren oder Beanstanden. Das Einzige, das ich mir nie verbeißen konnte, das war mein Feilschen um die Höhe der Bestrafung.

An diesem besagten Tag, die anderen hatten wieder mal nur die Glukose im Kopf, zog ich wieder mal alleine um die Häuser. Am Abend rauschte ich noch eine etwas flottere Runde und anstatt nach Hause zu pressen, dachte ich, dass ich ein bisschen Popper erschrecken fahren könnte. Ich war an diesem Abend so gut drauf und mich stach trotz einer rassigen Abendrunde immer noch der Hafer. Als ich nach Aschbach kam, glühte ich schon durch den unteren Markt mit etwas dezent überhöhter Geschwindigkeit. Durch meine aufgebohrte vier-in-vier-Anlage röhrte meine Honda in den schmalen Gassen ziemlich schlimm, doch damals war‘s mir egal. Warum sollten auch die Menschen in diesem Orte um Mitternacht schon einen seligen Schlaf finden, ich war ja auch noch wach. Als ich dann die Rechtskurve in den oberen Markt schon fast am Knie passierte und den Gashahn auf der Geraden nochmal so richtig durchzog, blendete mich links in einer Einfahrt ein angehendes Blaulicht, das genau auf meiner Höhe zum Wegfahren ansetzte. Als mein erster Blick dann meine Tachonadel erblickte, wusste ich, dass dieses Auto mit Blaulicht nur meinetwegen startete. Denn die erlaubten 50 waren schon 80 hinter mir. Ich dachte, sei ein braver Bürger, verschwende nicht deren teuren Dienstsprit und fahr gleich mal rechts ran. Nachdem ich meinen Hobel abgebremst hatte, rechts ranfuhr, den Seitenständer bereits ausgeklappt, den Helm abgenommen hatte und mich bereit machte, tief in meine Tasche greifen zu müssen, traute ich meinen Augen kaum. Während ich am Straßenrand am Moped sitzend auf meinen Freund und Helfer wartete, fuhr dieser mit Blaulicht und einem Affenzahn an mir vorbei. Ich sah ihm verdutzt nach und konnte es kaum glauben. Meine Gedanken flogen so durch meinen Kopf. Hatte er einen anderen Einsatz und er fuhr zufällig direkt hinter mir weg? War ich vielleicht doch zu langsam und er ignorierte mich einfach, was mich dann aber frustrierte, denn mich braucht keiner zu ignorieren, ned mal a Bulle!!!! Oder er rechnete nicht damit, dass ich auf ihn warten würde und im Dunkel der Nacht übersah er mich einfach. Dies erschien mir dann aber auch am plausibelsten.

Naja, ich setzte dann wieder meinen Helm auf und fuhr gemütlich in den Popperstadel, genehmigte mir ein kleines BC und musste innerlich immer noch über unseren Gesetzeshüter schmunzeln. Jaja, das Auge des Gesetzes sieht doch nicht alles.

Das Maß aller Dinge

Es war Mittwoch und Zeit für's Wochenteilen. So wie jede Woche ging es nach der Schicht in die Knochendiele. In dieser Woche hatte ich Frühschicht und ich freute mich schon auf einen Kübel Colarot. Kaum war der Dienst zu Ende, flogen auch schon meine Stiefel und der Arbeitsmantel in den Spind und auf gings zum Mittwochssaft. Andrea, die Kellnerin, freute sich immer, wenn wir auftauchten und hatte immer ihren Spaß mit uns. Nach etlichen Kübeln Heilsäften spürte ich schon den heiligen Geist in meiner Birne sprechen: Junge, Tank voll, Intelligenz am Tiefpunkt, Zeit zum Aufbruch in die Heimat! Da ich ja immer schon ein braver Junge war, hörte ich immer auf meine Stimmen im Kopf. Ich raffte mich hoch vom Tisch, verabschiedete mich brav von meinen Kollegen und schlenderte durch den Ausgang. Als ich draußen bei meinem Boliden ankam, merkte ich, wie mir die frische Luft a gscheide Gnackwatschn gab. Puuuh, dachte ich, Gott sei Dank hab ich's bis ins Auto geschafft, gehen wäre schon etwas schwieriger, dachte ich. Ich machte mich auf den Heimweg und dachte während der Fahrt noch, dass ich so schnell wie möglich ins Bett sollte. Ich gab meinem Kadett die Sporen und rauschte Richtung Heimat. Ich kannte den Weg sehr gut und konnte sogar mit geschlossenen Augen nach Hause finden. Das Einzige, das ich nicht sah, dass an diesem Tag ein Unfall meine Heimfahrt stören würde. Als ich durchs Foraholz über die Kuppe durch den Wald knallte, war ja gleich danach eine lang gezogene Rechtskurve. Normalerweise kein Problem. Zu dieser Zeit stand in der Innenkurve ein meterhohes Maisfeld. Also, ich kam aus dem Waldstück rausgeschossen und konzentrierte mich bereits auf die Rechtskurve, als ich kurz vor Kurveneinfahrt ein Warndreieck erblickte. Ja, ich war schnell und für meinen Zustand reagierte ich auch, so denke ich, ziemlich schnell, doch nicht schnell genug. So ein paar Meter nach dem Warndreieck, o Schreck, waren gerade zwei Polizisten damit beschäftigt eine Unfallstelle zu vermessen. Stand ja wirklich knapp, das Warndreieck. Ich konnte nicht mehr schnell genug anhalten und rauschte mit noch einer Kleinigkeit an Geschwindigkeit über das Maßband der Beamten und kam erst ein Stück danach zu stehen. Als ich dann endlich stand, sah ich im Rückspiegel auch schon einen wild gestikulierenden Bullen auf mich zulaufen. Er schien mir etwas ungehalten und als er bei mir ankam, war ich mir sogar sicher, dass er es auch war. „Sind Sie verrückt hier mit so einen Affenzahn in den Unfallbereich zu preschen!! Sie gehören ja aus dem Verkehr gezogen, Führerschein, Zulassungsschein, Steuerkarte!!“, schrie er mich an.

Aus gutem Grund wortlos kramte ich meine Papiere aus meiner Jeans und überreichte sie ihm ohne zu viel auszuatmen. Als er mit meinen Papieren in seinem Streifenwagen verschwand, kam inzwischen sein Kollege an mein Fenster mit den Worten: „Mei, Opa, was hast as denn scho wida gar so eilig?“ Es war einer meiner Lieblingsgesetzeshüter, der lobenswerterweise auch eine sehr menschliche Seite hatte.

„Ach weißt du, Franz, i hab a bissi an schweren Arbeitstag khabt und wollt nur mehr nach Hause, um mi auszuruhen und in der Eile hab i da eure Baustelle da übersehen.“

Er war sehr verständnisvoll und wusste warum ich müde war. Als plötzlich sein Kollege wieder an meiner Seite auftauchte, hatte sich dieser immer noch nicht beruhigt und schrie: „Sie werden jetzt angezeigt, Sie sind eine Gefahr für die Öffentlichkeit, Sie werden von uns hören!“

Mein Lieblingssheriff nahm seinen Kollegen zur Seite und beruhigte ihn, soweit es ging, und zu mir sagte er: „Du fährst jetzt schnurgerade nach Haus, legst di hin und stehst erst wieder auf, wennst fit bist!“ Er grinste mich noch kurz an und verabschiedete sich von mir. Wie befohlen rauschte ich dann ab nach Hause, legte mich hin und war auch sogleich im Träumeland. Wie es scheint, war ich wirklich sehr müde.

Beifahrer? Nein Danke!!

Oft war es so, wenn in der grausigen Zeit in Kematen mal wieder tote Hose war, stellten wir Fahrgemeinschaften und machten irgendwo anders die Gegend unsicher. Da ich bis ins zarte Alter von 19 Jahren noch kein eigenes Auto besaß, hatte ich das Glück, oder wie ich meine, das Pech, immer Beifahrer sein zu dürfen. Diese Geschichten muss ich einfach loswerden, so was glaubt dir ja sonst keiner, was ein einzelner Mensch immer für ein Pech haben kann. Also, es war Herbst. Wir saßen nach dem Clubabend noch auf ein Bierchen beisammen, als Tom die glorreiche Idee hatte, ins Gig fahren zu müssen. Mit dieser Idee konnte er keinen wirklich begeistern. Ich merkte aber, dass er gerne hinfahren würde, da gab ich mir einen Ruck und sagte als einziger zu. Tom hatte seinen Nissan noch nicht lange, war sehr stolz drauf und wollte ihn mir natürlich gleich mal vorführen. Wir schlurften raus auf den Parkplatz vor „Ossis Bar", quetschten uns in Toms Nissan und schon gings ab Richtung Popperstadel. Es war Herbst, nasse Straße, etwas Nebel, also mit einem Wort, scheiß Straßenverhältnisse. Tom war ja so stolz auf seinen Boliden und wurde auch immer schneller und schneidiger. Als wir am Stritzlhofer Reitstall abbogen, musste ich leider zum ersten Mal meine Bedenken bezüglich Bodenhaftung des Wagens in der Kurve kundtun. Tom meinte bloß, dass der Nissan besser hält als alle anderen Autos. Die nächste Kreuzung ging noch rescher und da kamen wir schon quer raus. Als ich Tom nochmals erinnerte, dass ich ihm auch ohne Taten glauben würde, meinte er nur mehr: „Ach, der hält schon!" Er hatte diesen Satz kaum fertig gesprochen, da kam eine bessere Rechtskurve und schon drehte es uns und wir knallten mit der Beifahrerseite an einen kleinen Kirschenbaum. Plötzlich war Tom nüchtern, gestresst und fertig.

„Mein Gott, wenn das mein Vater sieht, der bringt mich um!“ Er sprang aus dem Auto, rannte eine Runde drum rum und wiederholte dabei andauernd denselben Satz. „Ich habs da ja gsagt!“, sagte ich vorwurfsvoll. Plötzlich wollte Tom nicht mehr ins GIG, er brachte mich noch zurück zu „Ossis Bar“ und selber fuhr er geduckt und langsam nach Hause. Ich war froh, dass uns nix passiert war. Doch dies sollte für die nächsten Wochen nicht das einzige Hoppala in meiner Beifahrerkarriere gewesen sein.

Geh runter von mir!!

Es war wieder mal Freitagabend und Zeit für Entspannung, kleine Späßchen und mit Freunden abhängen. Als wir unsere übliche Runde durch Kematens Lokalitäten absolviert hatten, gab's nur noch eins, Popper schrecken ins GIG! Die fantastischen Vier, Franzi, Harri, Gurki und ich, reisten ins Land der Föhnwellen und der einäugigen frisch gelegten und gestriegelten Popps. Wir hatten wieder einen wunderbaren Lauf und als wir dann wieder die Bühne verließen, war die Horde der Föhnis wieder froh, in Ruhe die Hasen der Disco bezirzen zu können ohne von hergelaufenen Wilden verarscht zu werden. Als wir zu Franzis Boliden schlurften, hatten wir jede Menge Spaß und lachten noch über so manche Gäste der Disco. Wir sprangen ins Auto und folgten unserem altbewährten Promilleweg, als Franzi die glorreiche Idee hatte, eine kleine Sonderprüfung am Schotter zu starten. „Hey, wie wär's lasst uns a bissl Rally fahren!" Er legte noch schnell seine brennende Tschik in den Aschenbecher und schon trat er aufs Gas. War ja ein geiles Gefühl, als wir über den Schotter bretterten, doch bei der ersten Kurve fiel Franzis Tschik aus dem Aschenbecher und fiel bei mir in den Fußraum. Na super, jetzt kann ich das Ding auch noch suchen, bevor wir abfackeln. Ich löste meinen Gurt und versuchte, die glimmende Tabakware zu finden. Als ich sie unter erschwerten Bedingungen endlich fand und zu fassen bekam, wollte ich wieder nach oben, als ich nur ein kurzes Wort vernahm: „SCHEISSSSEEE!" Mein Blick war gerade mal knapp über das Armaturenbrett angekommen, da sah ich nur noch, wie die Karre kippte und wir einen wunderbaren

Überschlag praktizierten. Als wir dann auf der Fahrerseite zu liegen kamen, war das erste, was zu hören war, Franzi: „Heast Oida, schleich di owa von mir, du bist schwer!!“

Da ich ja die Zigarette suchen musste, war ich nicht angegurtet und es warf mich direkt auf Franzi drauf, der nun mit Recht jammern durfte. Also versuchte ich nach oben zu klettern, um meinen Fahrer mal von 80 Kilos zu befreien. Ich schaffte es, die Tür zu öffnen, und danach krabbelte einer nach dem anderen raus. Als wir merkten, dass niemandem etwas passiert war, waren wir sehr erleichtert, standen zu viert im Acker neben dem Auto und kriegten uns kaum ein vor lauter lachen, denn ich hatte immer noch die brennende Zigarette zwischen meinen Fingern. War ja klar, was ich mal hab, das geb ich auch nicht mehr her. Während wir uns endlich wieder beruhigten, machten wir uns an die Arbeit und stellten das Auto wieder auf die Räder. Naja, ein paar kleine Schäden hatte er abbekommen, aber damals, bei unseren alten Kutschen, war das ziemlich egal, denn meist war der Wert unter den Verschrottungskosten. Das schlimmere an diesem Tag war, dass unser Dach etwas eingedrückt war und wir etwas gebückt nach Kematen fahren mussten.

Als wir uns vor dem Gemeindeamt in Kematen einparkten, machte sich Franzi kurz mal daran, seinen Rennwagen zu reparieren. Er legte sich am Beifahrersitz auf den Rücken und trat mit den Beinen die riesige Delle aus dem Dach und siehe da, das Auto stand schon fast wieder da wie neu. Zufrieden mit der Reparatur gingen wir in die Bar und hoben noch ein paar Gläschen auf unseren Ralleyfahrer.

Bremsen werden überbewertet

Ich denke, es war so zwei Wochen nach meinem letzten Hoppala. Franz, Gurki, Harald und ich waren mit Franzis Manta unterwegs. Wir machten wie immer in der bikebefreiten Zeit die Gegend mit dem Auto unsicher. Auch an diesem Wochenende verschlug es uns ins GIG nach Aschbach. Es wurde für uns schon zum Volkssport in dieser Disco etwas für Stimmung zu sorgen. Aber so meist nach zwei bis drei Stunden Popperstudium und etwas BC-Betankung reichte es auch schon wieder. Wir machten uns langsam auf in Richtung Kematen, denn daheim im Revier war es doch immer noch am schönsten. Wir fuhren wie gewohnt unsere Abkürzung über einen Schotterweg, nicht unbedingt der schönste Weg, aber der bullenbefreiteste. Hier sah man die Männer in Uniform nie, hier würden sie sich ja ihren Dienstwagen versauen und wer durfte ihn dann auch wieder reinigen? Sklaven durften ja zu unserer Zeit nicht mehr gehalten werden, um solche Arbeiten zu erledigen. Also war dieser Weg für uns der ideale Promillepfad, um nicht in die Fänge der Staatsgewalt zu geraten. Franzi war an diesem Tag, ich sag mal, wieder sehr gut drauf und gab seinem Opel die Sporen. Als wir gerade an meinem Kirschenbaum, den ich bereits kennenlernen durfte, vorbei waren, näherten wir uns der Kreuzung, wo wir immer in Richtung Stritzlhof abbogen. Es war wie so oft im Herbst etwas nass und natürlich auch etwas rutschig. Franzi warf also mit vielleicht etwas viel Schwung den Anker und bog in die Kreuzung ein. Was soll ich sagen, es kam, wie es kommen musste, durch den Schwung, den wir beim Einbiegen hatten, rutschten wir von unserer Ideallinie weg, kamen etwas über den Straßenrand und streckten dabei zwei Unbeteiligte am Straßenrand stehende Pflöcke nieder. Den einen, seines Zeichens ein Leitpflock, und seinen Freund, den Schneepflock. Beide konnten sich nicht wehren und verschwanden unter unserer Kühlerhaube bzw. Stoßstange. Mit stoischer Gelassenheit bremste Franz seinen Boliden ab und beide sprangen wir aus dem Auto, um zu sehen ob wir bei dieser Begegnung einen Schaden abbekommen hatten. Wir staunten beide nicht schlecht, als wir bei näherer Inspektion unserer Front keinen sichtbaren Schaden entdecken konnten. Somit war unsere Begutachtung auch schon wieder erledigt. Wir warfen noch schnell beide Pflöcke in den Kofferraum, damit niemand sah, dass hier zwei Straßenpflöcke ermordet worden waren, und machten uns dann auch schon wieder auf den Weg ins gelobte Land. Als wir zur Abzweigung beim Reitstall ankamen, war ich etwas verwundert, denn Franz fuhr anstatt rechts abzubiegen geradeaus weiter. „Blöde Frage“, meinte ich, „wäre es ned besser gwesen, wenn ma da abbogen wären?“ Franzi starrte nur gespannt geradeaus und meinte nur: „I steh e nu immer auf der Bremse!“

Wie es schien, hatten sich die beiden Pflöcke direkt bei ihrer Ermordung sofort an uns gerächt und unsere Bremsleitung unbemerkt gekappt. Franzi meinte, dass dies nicht so problematisch sei, er würde einfach etwas gemütlicher fahren, und wenn es Zeit zum Bremsen wäre, würde er das Ganze mit der Handbremse erledigen. Gesagt getan, eine Weile funktionierte das Ganze recht gut. Als wir in Kematen vor dem Gemeindeamt einbogen und uns einparken wollten, überholte Franzi die angehende Demenz und er vergaß den Anker zu werfen. Geistesgegenwärtig erkannte ich, dass wir vielleicht ohne Anker auch die Fassade des Gebäudes etwas ramponieren würden, und riss die Handbremse hoch. Wir konnten gerade noch den Anprall auf's Gebäude vermeiden, doch ein Fahrradständer, der unmittelbar vor uns einbetoniert war, verbeugte sich noch ein wenig vor uns. Etwas geschockt, aber doch auch glücklich, dass wir das Gemeindehaus nicht verunstalteten, stiegen wir aus unserem Boliden und schnauften mal durch, bevor wir dann in Ossis Bar stachen und uns noch ein paar Entspannungsgetränke einwarfen. Langsam machte ich mir aber doch Gedanken. Jedes Mal, wenn etwas passierte, war ich dabei, Zufall?

Verhandlungen gescheitert

Als ich damals beim Bund war, hatte ich kurze Zeit eine Freundin, Angie aus Waidhofen. Komischerweise hielt die Beziehung zu ihren Brüdern und ihrer Mutter länger als unsere Liaison. Als ich wieder mal bei ihr zu Besuch war, dauerte es wieder etwas länger und ich bekam danach Stress, meinen Zug an die Front noch zu erwischen. Ich verabschiedete mich noch kurz und danach prügelte ich meine Honda nach Hause, um noch meine Utensilien für eine Woche Bund zu packen.

Ja, damals hatte ich oft Stress, so auch an diesem Tag. Ich fuhr von Angie weg und schraubte mein Moped durch die Weyrerstraße. Diese schlängelte sich durch ein schmales Tal und bestand aus einigen geilen Kurven, die leider von ein paar Geschwindigkeitsbeschränkungen gebremst wurden, aber nicht mit mir. Wie immer, wenn meine Zeit knapp wurde, holte ich sie mit Mut und Geschwindigkeit wieder rein. Mit dem Knie am Boden durchstreifte ich das Tal und natürlich schaffte ich es pünktlich, meinen Zug zu erwischen.

Einige Wochen später wurde ich wieder an diesen Tag erinnert. Ich weiß es noch so genau, weil ich an diesem Tag bei der Polizei in Kematen war, wo ich meinen Aufsatz über meinen Stunden zuvor erlittenen Mopedunfall zu Protokoll gab. Ich wurde am selben Tag bei der Polizei in Ulmerfeld einbestellt und die hatten sogar ein Erinnerungsfoto aus der Weyrerstraße für mich. Freude kam dann auch noch auf, als der Beamte versprach, dass ich auch noch ein Schreiben der Behörde erwarten dürfte. Es war kein Glückwunschschreiben an mich, nein, es war der Preis für mein schönes Foto. Eine lange Rechtskurve, ein Strahlen der Nieten am Rücken meiner Kutte, ein hell erleuchtetes Nummernschild vom Blitz der Radarkanone und eine Kurvenlage mit Knie am Boden wie beim Moto GP. Jaaa, so ein Foto hatte schon seinen Preis. Wieder drei Wochen später kam dann die lang ersehnte Rechnung der Behörde. Okay, es war ja wirklich ein schönes Foto, doch der Preis dafür schien mir doch etwas zu hoch. Wenn man bedenkt, dass ich zu dieser Zeit beim Bund war, dort 1.100.- Schillinge verdiente und für mein Foto 1.500.- Schillinge löhnen sollte, das konnte nicht sein.

Also schnappte ich mir meine Zahlungsaufforderung und fuhr etwas stinkig nach Amstetten zur Kfz-Stelle. Nach gefühlten Stunden der Erwartung wurde ich dann doch mal eingelassen. Der Beamte, ein wirklich netter Mann, lauschte meinen Ausführungen und brachte diese natürlich nicht ganz so emotional aufs Papier. Alles wurde hier erwähnt, Schulden, kein Auskommen mit dem Einkommen, dazu der Bund und mein halb totes Bike, das auch noch Bares für die Wiederbelebung benötigte. Als ich fertig war und meine Ausführungen in gedruckter Version verarbeitet waren, versprach mir der nette Beamte, dass ich in den nächsten Tagen das Ergebnis meines Einspruchs erwarten dürfe. Er hatte recht, kaum weitere drei Wochen später flatterte wieder ein eingeschriebener Brief ins Haus. Voller Erwartung, dass meine Strafzahlung vermindert worden wäre, öffnete ich den Umschlag und …

Verdammte Scheiße, dachte ich mir, als ich den Beipacktext las. Darin stand, dass sie mir meine Schuld nicht erlassen könnten, weil ich dann der Gefahr ausgesetzt sein könnte, zum Wiederholungstäter zu mutieren und das wollte Justitia absolut nicht. Diese Absicht ließen sie sich gleich noch mit weiteren 150 Schillingen vergüten. Also kam mir ein Foto auf 1650 Kröten. So viel kann ja nicht mal ein Nacktfoto einer Pornoqueen kosten, dachte ich und kam dabei zu der Erkenntnis: Zahle deine Strafe ohne Murren, nur so kannst du dir etliche Pesos ersparen. Merke: Schachern mit Justizia bringt nix und kostet nur.

Erste Hilfe für Autostopper

Früher hatten wir immer den Leitsatz: Nur ein Tag mit einer guten Tat ist auch ein guter Tag! Also will ich von einem Tag erzählen, wo gleich zwei gute Taten erledigt wurden.

Es war so:

An einem wunderschönen Sommertag streiften mein Kumpel Franze und ich auf unseren Bikes durch den Ybbs-Canyon. Wir hatten kein besonderes Ziel, aber den Drang, ein paar Kilometer runter zu reißen.

Franze fuhr vor mir und ich fuhr relaxt hinter ihm her. Als wir so durch Kematen durchflutschten, trafen wir auf einen netten jungen Menschen, der mit erhobenem Daumen am Straßenrand stand. Plötzlich bremste Franze bei dem Autostopper ein und erkundete, wo er denn hinwolle. Dieser wollte auf schnellsten Wege nach Waidhofen und fragte, ob wir ihn vielleicht ein Stück mitnehmen könnten. Das waren auch schon die zwei Fehler des Anhalters. Erstens mitnehmen und zweitens schnell. Er war fremd in unserer Gegend, wenn er gewusst hätte, wen er da anhält, er wäre bestimmt mit dem Zug gefahren. Lange Rede, kurzer Sinn: Unser neuer Beifahrer schwang sich auf Franzes Sozius und noch bevor dieser sich richtig positionieren konnte, gab mein Kumpel schon Vollstoff. Ich war etwas überrascht, warum es auf einmal so hurtig dahin ging, aber gab zugleich meinem Feuerrosse die Sporen, um den Anschluss nicht zu verpassen. Franze knallte über die Ybbsbrücke, direkt in der nächsten Rechtskurve schnupfte er auch schon das erste Auto bei Gegenverkehr, dann kam auch schon die Linkskurve bei Schussi vorbei, wo der nächste Autofahrer ohne Rücksicht auf Verluste verblasen wurde. Ich meinerseits war direkt dahinter als Augenzeuge. Unser neuer Beifahrer verkrallte sich an Franzes Hüften, um nicht runterzufallen, sogar von hinten bemerkte ich, wie er schon seine Gesichtsfarbe verlor. Auf der nächsten längeren Geraden, wo sich unser Autostopper nicht mehr so verkrampft anhalten musste, sah ich ihn, wie er hysterisch an Franzes Helm anklopfte und, wie's schien, ihn anflehte, doch mal anzuhalten. Bei der Kirche in Gleiss hatte mein Kumpel ein Einsehen und hielt an. Unser neuer Freund schwang sich mit wackeligen Knien und einer noblen Blässe vom Sozius, bedankte sich nochmal fürs Mitnehmen und meinte, dass er doch in Gleiss auch noch etwas zu tun hätte. Ja, ich denke, er ging mal schnell in die Kirche, um ein Dankgebet dafür zu sprechen, dass er diesen Tag doch noch überlebt hatte.

Inzwischen fuhren wir gemütlich weiter und genossen einen wunderbaren Ausflug am Nachmittag.

Als es dann schon so gegen 20 Uhr abends wurde, war unser Ziel der „Schurlwirt". Bei Georg im Separee wollten wir, berieselt von guter Musik, noch ein gemütliches Abschlussbierchen trinken. Dazu kam es aber nicht, denn wir trafen noch auf unsere zweite gute Tat des Tages. Wir kamen die Hauptstraße entlang und bogen gleich beim Schurlwirt in die Nebengasse ein, wo wir meist unsere Bikes abstellten. Da sahen wir auf der anderen Straßenseite zwei Jungs, die gerade noch den Daumen ausgestreckt hatten, um uns anzuhalten. Franze und ich sahen uns an und schon fuhren wir zu den beiden weiter.

„Wo wollt ihr denn hin?", fragte ich.

Sie wollten nach Aschbach in den Popperstadel „GIG". Natürlich sagten wir ihnen zu, sie schnell mal die paar Kilometer rüberzufahren. Sie versprachen uns auch, für unsere Dienste ein Getränk im Heurigen zu spendieren. Das ließen wir uns nicht zweimal sagen. Wir sattelten die beiden auf und schon ging es gemächlich bis an den Fuße des „Kreuzstöckelberges". Als dann der Berg begann, schraubten wir unseren Gasgriff bis zum Anschlag und jagten unsere Mopeds den Berg hoch. Beim ersten Beschleunigen sah ich noch die Beine meines Beifahrers hochschnellen, denn er kippte mit seinem Oberkörper, der Beschleunigung geschuldet, nach hinten. Geistesgegenwärtig bekam ich ihn noch an einem Bein zu fassen, damit er mir nicht nach hinten abstieg. Als er sich wieder gefangen hatte, hielt er sich an mir so fest, als ob er mich gerne erdrücken würde. Es war gut so. Wir knallten volles Rohr den Berg hinauf, oben an der Kuppe hoben wir fast ab und danach ging unser wilder Ritt weiter bis nach Aschbach.

Vor dem „GIG" angekommen quälten sich unsere Beifahrer mit zittrigen Knien vom Sozius und baten uns wie versprochen, in den Heurigen auf ein Getränk mitzukommen. Das ließen wir uns natürlich nicht zweimal sagen und trotteten hinter den beiden her. Als wir im Lokal eintrudelten, bekamen beide Anhalter endlich wieder Farbe im Gesicht.

„Mann", sagte der eine, „seid ihr beide denn immer so verrückt unterwegs?"

Ich schüttelte den Kopf und bemerkte: „Nein, normal sind wir schärfer unterwegs, aber weil ihr beiden keinen Helm anhattet, zügelten wir unsere Mopeds und fuhren etwas gemütlicher als sonst!"

Die beiden schluckten und sahen uns ungläubig an. Franze und ich mussten lachen und dachten, dass die beiden wohl den Daumen nicht mehr rausstrecken, wenn Biker angerauscht kommen.

Terror am Bike

Es war ein wunderschöner Herbsttag, als ich mich mit meinen Fußballkollegen in Kematen beim „Schurl" traf. Wir hatten ein Meisterschaftsspiel in Leiben. Als alle anderen schon aufbrachen, saßen Leo und ich noch bei unserem Bierchen. Das Wetter war ja so schön, da wollten wir einfach mit meinem Bike zum Match fahren. Wir tranken gemütlich aus und packten unsere Fußballsachen in meine Packtaschen. Die Taschen waren bis an den Rand befüllt mit Fußballschuhen, Duschzeug, Handtücher und natürlich dem Kram, der ohnehin immer in meinen Taschen lag. Hätte ich doch besser mal nachgesehen, was sonst noch darin war.

Als wir fertig waren mit packen, merkten wir, dass wir schon ziemlich in Verzug waren und uns sputen mussten. So sprangen wir auf meine Mühle und ich gab ihr die Sporen. Normalerweise gab's für mich nie Fahrten auf der Autobahn, aber wir hatten uns so derartig verquatscht, das wir uns beeilen mussten, um nicht zu spät zum Spiel zu kommen. Wir glühten von Auffahrt Amstetten bis Abfahrt Melk mit voller Warpgeschwindigkeit. Als ich bei der Autobahnabfahrt Melk vom Gas ging, machte es einen furchtbar lauten Knall am Motorrad. Da der Wums von hinten kam, dachte ich an eine irre Fehlzündung meines Mopeds und war sichtlich begeistert davon. Doch als ich in der Abfahrtsschikane hing, klopfte Leo etwas aufgeregt an meinen Helm und schrie: „Mia brennan!!!" Ich lachte und erklärte ihm, das dies ja nur eine Fehlzündung war. Als ich aber dann im Augenwinkel Qualm aus meiner rechten Satteltasche aufsteigen sah, bremste ich sofort mein Bike ab und parkte rasch am Straßenrand. Wir sprangen vom Moped ab und geistesgegenwärtig öffnete ich meine Tasche und holte alle darin befindlichen Gegenstände raus. An der Außenseite meiner Satteltasche entdeckte ich ein riesiges Loch und neben dem Motorrad in der Wiese lag ein versengtes Handtuch und daneben Leos angebrannte Fußballschuhe. Dies alles konnten wir danach wegwerfen. Was war passiert? Ich, einer, der sein Moped doch manchmal etwas gründlicher putzt, hatte, als ich an der Tanke war, einen Teerentferner in Gebrauch. Diesen nahm ich mit nach Hause und vergaß danach, diese Spraydose aus meiner Satteltasche zu nehmen. Da ich mein Gefährt ziemlich über die Autobahn gejagt hatte, wurde es der Spraydose zu heiß und sie explodierte. Wir hatten echtes Glück bei dieser Aktion, hätte schlimmer ausgehen können.

Wir fuhren natürlich wie geplant zu unserem Match nach Leiben, doch Leo konnte sich das Spiel nur von der Tribüne aus ansehen, denn seine Kickerpatschen waren nur noch Kohlen.

Pizza Diavolo

Es war ein lauschiger Abend in „Ossis Bar". Der halbe Club war anwesend und es wurde wie so oft ausgiebigst Sport betrieben, also krügeweise Colarot gestemmt und dabei gekegelt und auch gezockt. Es war wieder ein geiler Abend und wir hatten viel Spass. Zur vorgerückten Stunde, als es dann wieder Zeit war für Kultur und Weiterbildung, verlagerten wir das Geschehen in die „Caminata-Bar". Dies war im Erdgeschoss ein Nachtclub und im Keller war der Tempel der Sünde, der aber von mir und meinen Mannen meist zweckentfremdet wurde, damit wir unseren kulturellen Horizont erweitern konnten. Es war nämlich so: Man musste die Kellertreppe nach unten, gleich links davon war die Bar mit vielen süffigen Kostbarkeiten, sauteuer, aber es wirkte, zumindest bei der Bezahlung. Daneben an der Wand hing ein Fernseher, zu dem komme ich gleich. Danach, etwa inmitten des Kellerraumes, war ein offener Kamin, drumherum saßen die Mädels mit ihren Freiern, meist alte Knacker, die reichlich betucht waren. Gleich daneben waren einige kleine Tische, wo wir immer saßen. Im hintersten Teil des Raumes war eine kleine Tanzfläche und inmitten derer eine Stange. Nein, das war keine Säule, die die Decke stützen musste, weil schwach, sondern eine Pooldance-Stange, wo sich die Hasen, aber auch deren massige Schwestern, rekelten und dabei nach und nach ihre letzten Kleidungsstücke verloren. Also, sie tanzten, dass die Fetzen flogen. Wir sind ja hier in diesem Buch alleine, also kann ich es dir sagen: Manchmal rekelten sich auch wir an der Stange, weil's lustig war, der

Unterschied war nur, dass wir uns nicht entblätterten. Wir wollten ja den Mädels nicht die Show stehlen.

An diesem Tag saßen wir wieder an unserem Tisch und kamen genau zeitig zu unserem Kulturprogramm. Es lief gerade das Schulfernsehen, weswegen wir eigentlich immer in den Keller gingen. Hier wurden spannende, literarisch wertvolle Dokumentarfilme in Märchenform gezeigt. Zum Beispiel „Schneegeilchen und Mösenrot" oder „Schneeflittchen bei den geilen Zwergen", alles lehrreiche Verfilmungen. Unterbrochen wurde das Schulfernsehen immer von einem blöden Liveact an der Stange. Wie kann man so etwas machen! Immer wenn sie uns den Fernseher ausmachten, wurde dies mit Pfiffen und Buh-Rufen verurteilt.

Auch an diesem Tag war es wie immer, doch diesmal waren Gäste anwesend, die eher auf wichtig getrimmt waren und nur ihren Lümmel versenken wollten. Also kam es, wie es kommen musste. Wir wurden freundlichst gebeten, dieses Etablissement zu verlassen, denn unser Verhalten soll angeblich Geschäftsschädigend gewesen sein. Versteh ich nicht.

Also trabten wir die Treppe hoch und bestellten uns an der Bar noch was zu essen. Mein Lieblingsessen war damals immer die Pizza Diavolo. Wenn du dieses Teil gegessen hattest, konntest du im Winter nackig bei minus zwanzig Grad Moped fahren und dir wurde nicht kalt dabei, so scharf war das Ding. Ich aß gerade gemütlich meine Pizza, als mir plötzlich nicht mehr recht wohl war. Mir wurde schwummrig, ich bekam Kopfschmerzen und ich fühlte, dass ich wohl bald verrecken würde. Ich bezahlte, verabschiedete mich und als ich durch die Tür rannte und an die frische Luft kam, randalierte mein Magen und wie ein Guss aus einem Gartenschlauch kotzte ich quer über die Hauptstraße. Es ging mir dreckig, ich wusste nicht, was geschehen war. Waren es die paar Humpen Colarot? Oder doch die Pizza? Ich schob es mal auf die Pizza, denn Colarot hatte ich ja fast täglich und da war nix!

Ich quälte mich auf meine Honda und versuchte unbeschadet nach Hause zu kommen, was ich, Odin sei Dank, auch schaffte. Ich fühlte mich wie frisch operiert, direkt nach der Narkose. Der erste Weg führte mich zu Hause direkt ins Bad, wo ich auch sofort wieder die Schüssel umarmte, weil ich sie eben liebte. Der zweite Weg brachte mich an den Medizinschrank, wo ich mal nach dem Fieberthermometer grapschte, denn ich fühlte auch schwere Hitzewallungen. Wow, 40,7 Grad, ich dachte, dass wohl meine Pizza doch etwas scharf war. Ich sprang dann auch sofort ins Bett, zog mir die Decke hoch übers Gesicht und bereitete mich vor, bald zu sterben und Odin gegenübertreten zu dürfen. Am nächsten Morgen war nichts besser, ich hatte immer noch jenseits der 40 Grad Fieber, schweren Schüttelfrost und es wurde Zeit, mal den Medizinmann zu rufen. Dieser stellte einen Stirnhöhlenkatarrh, eine schwere Mittelohrentzündung und eine schwere Grippe fest. Und ich Depp dachte, dass meine Pizza zu scharf war, so ein Blödsinn.

Die nächsten Tage erlitt ich schwere Qualen. Wenn jemand nur meine Schlafzimmertür lauter zumachte, war es ein Gefühl, als ob ich in einer riesigen wummernden Glocke liegen würde. Im Kopf stach es, als würde ich auf einem Igel liegen, und essen, essen konnte ich zwei Wochen kaum etwas. Satte zwölf Kilo verlor ich in dieser Zeit, obwohl ich eigentlich nicht wirklich Übergewicht hatte. Als endlich das Drama sein Ende hatte, war ich glücklich, das alles hinter mir zu haben. Obwohl aber erwiesenermaßen die Pizza Diavolo nichts mit meinen Qualen zu tun hatte, wurde sie trotzdem von meinem Speiseplan gestrichen.

Legenden erkennt man einfach

Seit Jahren sattelten wir Ochtahoiwa die Hühner und starteten unseren Kreuzzug auf die Ritterburg Liebenfels in Kärnten. Hier fand immer eine geile Party der Golden Roses statt. Die Burg erhebt sich auf einer Anhöhe über dem Dorf Liebenfels, nur erreichbar auf einer engen Straße, wo am Ende nur noch ein schmaler Weg bis zur Burg führte. Das Festgelände war im Burghof und die Zelte und Niederlassungen der Besatzungskrieger standen an der Front, vor der Burg. Feuerrösser jeglicher Art säumten den letzten Kilometer zur Burg. Ungefähr fünfzig Meter unterhalb des Burgtores war seit dem ersten Motorradtreffen unser Lagerplatz. Direkt inmitten dreier Tannen hatten wir unsere Zelte. Der Weg zum Festplatz war von da aus kurz. Direkt unter unseren Füßen querte der steile Weg zur Burg, den jeder der feierwütigen Ritter beschreiten musste. Wir saßen oft vor unseren Zelten, ließen unsere Haxen den Hügel runterhängen und während wir ein paar gemütliche Säfte aufsaugten, machten wir es uns zur Aufgabe, die Menschen, die auf Weg zur Burg waren, spaßeshalber anzupöbeln und ihnen wichtige Weisheiten mit auf den Weg zu geben. Manche lachten und pöbelten zurück, wie es sich einfach gehört, und manche ignorierten uns, weil sie kaum Luft hatten den Berg zu bezwingen. Aber einer machte uns kurzfristig eher Angst. Es war ein riesiger Kerl, ich denke mal so an die zwei Meter hoch, kräftiger Körperbau und mit einem grimmigen Gesichtsausdruck. Wir machten uns natürlich auch über ihn lustig und verarschten ihn ein bisschen, wie die anderen Wanderer eben auch. Doch dieser Henker machte alles anders als seine Vorgänger. Als er unsere Zurufe vernahm, hielt er kurz inne, warf uns einen richtig bösen Blick zu und bog sogleich auch in unsere Richtung ab. Als er näherkam, wurde er auch immer größer und als er kurz vor uns stehen blieb und wir schon um unser Leben fürchteten, begann er uns anzugrinsen und meinte: „Na ihr seids a coole Partie, hobst für mi auch a Bier?“

Nach dem ersten Schock, den er uns bereitete, bekam er natürlich eines. Er setzte sich zu uns und maulte auch auf die Biker runter, die vorbeizogen.

Am Abend machten wir uns auf in den Burghof, um mal a anständige Grillwurst zu speisen. Wir brauchten ja für die Nacht eine gute Unterlage, sonst hielten wir ja nie durch bis zur mitternächtlichen Stripshow. Ich saß gerade alleine auf einem Tisch, als sich plötzlich ein junger Biker zu mir setzte. Er sah mich an, dazwischen starrte er auf meinen Clubpatch und sah dann wieder mich an. Ich warf ihm ein Lächeln zu und aß gemütlich weiter. „Bist du a Ochtahoiwa?“, fragte er mich plötzlich.

Ich nickte.

„Bist du schon länger beim Club?“

Ich nickte wiederum und nahm dabei meinen letzten Bissen Grillwurst.

„Also kennst du auch alle Mitglieder von euch?“

Ich nickte abermals. „Warum fragst du?“, erwiderte ich.

„Kennst du Opa auch?“

Ich muss gestehen, ich war etwas verwirrt, aber jetzt war ich neugierig und wollte mehr wissen. „Ich kenne ihn, kennst du ihn denn auch?“

Er nickte. Dann fragte er ausgerechnet mich, was ich von Opa halte. Ich sah ihn grinsend an, erhob dann meinen

Blick gen den Himmel und geigte dem Fremden meine Meinung. „Ich kenne Opa schon einige Zeit, er ist ein blöder Hund, äußerst unsympathisch und eine linke Bazille!“

Na dann gings aber los! „Wie kannst du des sagen, der is a super Kerl, mit dem hat ma immer Spaß und er is außerdem sunst a voll in Ordnung!“ Der Junge ging mir für meiner Meinung fast an die Gurgel. Als ich ihn fragte, ob er Opa schon mal getroffen habe, nickte er. „Na sicher kenn i ihn, darum bin i ja so verärgert, weilst nur schlechtes über ihn erzählst!“

Ich dachte mal kurz nach, wie wir diese Sache mal bereinigen könnten. „Bist du dir sicher, dass wir denn auch denselben meinen?“

Er nickte und war sich da ganz sicher.

„Leider muss i dir jetzt ganz was schlimmes sagen!“

Er sah mich fragend an. „Der einzige Opa, den ich kenne und der von den Ochtahoiwan is, der sitzt dir gerade gegenüber.“ Er sah mich ungläubig an. „Ich freu mich zwar, dass du so ein gutes Bild hast von mir, aber i denk, du meinst trotzdem jemand anderem!“

Er konnte es nicht glauben und, wie es schien, schämte er sich auch ein bisschen. Trotzdem streckte ich ihm meine Hand hin und stellte mich nochmal mit einem Grinsen vor. Inzwischen kam Geggi und setzte sich zu uns. Als er sich setzte, fragte ich ihn, ob er dem Jungen meinen Namen sagen könnte. Er bestätigte meinen Namen und war auch verwirrt über meine Frage. Ich erzählte ihm die Geschichte und auch Geggi musste darüber lachen. Wir saßen noch eine Weile zusammen und danach verlor ich den Jungen aus den Augen. Ich wusste nur eins, ich war froh, dass ich wenigstens in Kärnten einen guten Ruf genoss.

Flucht aus dem Paradies

Nach Jahren, die im Nachhinein gesehen die schönsten Jahre meiner Jugend waren, kam der Zeitpunkt, wo ich mich von meinem Club und den Jungs abwandte. Das Clubleben erfüllte mich nicht mehr und machte mich nicht mehr glücklich. Ich musste mitansehen, wie mein heiliges Reich, das wir zusammen aufgebaut hatten, langsam zu bröckeln begann. Einige unserer Brüder wurden aus ihren jungen Leben gerissen, andere verloren die Lust am Biken und wieder andere wurden an die goldene Kette gelegt und durften oder wollten nicht mehr mit uns anderen abhängen. Sie gründeten ihre eigene Familie und es war für uns andere keine Zeit mehr. Diejenigen, die übrig blieben, veränderten sich auch und hatten mit ihrem Alltag und dem erwachsen werden genug zu tun. Auch ich war nicht mehr so, wie ich mal war. Ich wurde immer unzufriedener mit meinen Kumpels, der Gesamtsituation und mir selbst. Es schien, dass eine Trennung in absehbarer Zeit bevorstand. Oft wurde gestritten und zu oft prallten verschiedene Ansichten aufeinander, die uns immer weiter voneinander entfernten. Es schien die Zeit gekommen zu sein, wo Schluss mit lustig war. Ich merkte, dass wir uns alle etwas verändert hatten. Der jugendliche Leichtsinn verschwand zunehmend. Einige von uns wurden von Alltagsproblemen überrollt. Es wurde kaum mehr unbeschwert gefeiert und viel gegrübelt, kurz gesagt, dass Erwachsen werden bekam uns nicht wirklich. Während sich die einen in ihr Familienleben stürzten und andere meinten, sich einen anderen Freundeskreis zu suchen, versanken ein paar ins Lasterhafte und ertränkten sich zutiefst im Alkohol. Es war schade um jeden Einzelnen, den wir in dieser Zeit verlieren mussten. Was mach ma bloß?

Wie so oft, wenn ich einen vollen Kopf hatte und vergebens nach Lösungen suchte, zog es mich auch diesmal wieder an meinen Kraftplatz, auf den Sonntagberg. Hier würde ich sicher erfahren, wie ich mein weiteres Leben verbringen würde. In dieser Nacht verbrachte ich Stunden allein im Gras liegend. Meine Augen bewunderten die Weite des Universums und das Funkeln der Sterne, aber mein Kopf musste meine eigenen Sterne wieder neu ordnen. Zumindest versuchte er es. Ich kaute an meinem Grashalm und es wurde immer klarer, ich musste mich verändern. Ich wollte wieder glücklich und unbeschwert mein Leben genießen, ich war ja noch jung. Ich konnte nachdenken, so viel ich wollte, doch es kam immer derselbe Gedanke, Veränderung. Es war der einzige Weg, auf dem ich wieder in meinen Flow kommen würde. Ich musste raus aus dem Club! Es fiel mir wirklich keinen Augenblick leicht, dies zu tun, doch es musste sein. Es gab viele Streitereien und Meinungsverschiedenheiten, für meinen Geschmack von allem zu viel. Irgendwie passte ich auch nicht mehr zu den anderen Brüdern und machte oft schon mein eigenes Ding. War bei keinen Polterern oder Hochzeiten mehr dabei, es war nicht mehr das meine. Ich dachte sogar, dass ich nicht mehr dazugehören würde. Es reichte, nach reiflicher Überlegung schnitt ich meinen Clubpatch von der Jacke und quittierte meine Mitgliedschaft im heiligen Reich. Als ich Geggi meinen Patch zurückgab, konnte er es nicht verstehen, warum ich das tat. Ich war seit Anfang an im Club und bevor ich ihn verlassen würde, hätte ich lieber mein Leben weggeschmissen. Doch nun war alles anders.

Nachdem ich alles aufgegeben hatte, musste ich bei meinem Stammwirten „Brandi“ mal einen schwer Kummertrunk zu mir nehmen. Ich musste meine Festplatte mal löschen und danach wieder neu formatieren, um endlich wieder klare Gedanken fassen zu können. Während ich noch mein Gehirn neu aufsetzte und versuchte, alte Muster zu löschen, kam mir die erste neue Erkenntnis. Es waren nicht die anderen Brüder, die meinen Rückzug aus dem Club antrieben, nein, ich war mein eigenes Geschwür. Meine Meinung war, immer im Mittelpunkt zu stehen, das Universum drehte sich nur um mich, dies war mein größter Irrtum. Ich hatte die Erleuchtung und begriff, dass ich nur ein Teilchen des guten und schönen Ganzen war und mehr nicht. Ich fühlte mich von den anderen ausgeschlossen, aber nicht, weil sie es taten, ich redete es mir die letzte Zeit immer selber ein. Scheinbar war ich oft nicht mehr ich selbst. Heute sagt man wohl, ich hatte damals eine Wahrnehmungsstörung!

Aber egal, der Patch war weg und es gab kein Zurück mehr. Ich musste mein Leben neu ausrichten und mal wieder normal werden.

Opi 2.0

Als mal alles wieder neu aufgesetzt war, waren meine Gedanken irgendwie befreit. Aber mein nächstes Problem war, was mach ich weiter? Ich brauchte mal Abstand von allem. Wieder allein in der Gegend rumcruisen wie früher, oder woanders Anschluss suchen? Wie geht's weiter?

Als ich in meinen Gedanken vertieft mal bei Ossi an der Bar saß und allein mein Feierabendbierchen schluckte, saß bereits Leo, unser Obermetzger aus Kematen, an der Bar. Wir kamen auf alle möglichen belanglosen Gespräche und als er sah, dass ich schwermütig über den Verlust meines Clubs jammerte, fragte er mich, ob ich nicht ihrem Club beitreten möchte. Ihr Club war, wie soll man sagen, eine Motorradfahrervereinigung der Geschäftsleute und der eher gehobenen Gesellschaft Kematens. Nach ein paar Spritzern dachte ich, was soll's, ich könnte eine neue Herausforderung gebrauchen und wie ich die verstaubte Bikergesellschaft kannte, schadete es ihnen nicht, mal neuen frischen Wind ins Glied zu bekommen. Wir verabredeten uns für den kommenden Freitag in ihrem Clubhaus, damit ich mal ein paar Mitglieder kennenlernen konnte. Es waren noch einige Tage hin und immer wieder dachte ich, ob dies überhaupt eine gute Idee wäre. Ich kannte ja einige ihres Clubs und meiner Meinung nach passte ich da ja gar nicht rein. Als ich eines Tages an der Bar meiner Lieblingstanke saß, kam plötzlich einer unserer legendären Sheriffs auf mich zu, setzte sich neben mich und bestellte eine Tasse Kaffee. Er sah mich grinsend an und sagte: „Du kommst morgen Abend in unser Clubhaus?“

Ich nickte. Der Gesetzeshüter hieß Walter, er war wie so ziemlich alle auf unserer Wache schwer in Ordnung, doch sein Äußeres konnte einen wirklich ein bisschen einschüchtern, groß, dunkles Haar, Vollbart und ein grimmiger Blick. In unserer Sprache hieß das immer „dienstfreudiges Lächeln“. Er erzählte mir ein wenig von seinem Club und mir wurde immer klarer, dass bei denen sowieso mal ein frischer Anstrich nötig wäre.

Als ich dann Freitagabend pünktlich wie vereinbart zum MCK ins Clubhaus kam, waren kaum noch Mitglieder anwesend. Es war nur Paule da, der das Clubhaus aufsperrte und ein wenig nach dem rechten sah. Wir lümmelten uns an die Bar, öffneten mal eine Hülse und begannen uns ein bisschen zu unterhalten. Er erzählte mir von den Mitgliedern, was sie so machten oder auch nicht, mit einem Wort, es war für mich „traurig“. Wenn ich so zurückdenke an die Zeiten der Ochtahoiwa, da konnte man sagen, dass immer was los war. Langsam kam ein Mitglied nach dem anderen zu uns an die Bar. Manche kannte ich von Veranstaltungen und der Rest wurde mir vorgestellt. Als dann so alle da waren, wusste ich, dass es hier viel zu tun gäbe. Bei der anschließenden Sitzung wurde ich mal offiziell vorgestellt. Als ich gefragt wurde, was ich mir hier so vorstellen könnte zu machen, war mein erster Anspruch, gleich mal den Clubwirten zu übernehmen. Die Mehrheit war einverstanden, denn in der Freizeit vielleicht für andere was schaffen, das war nicht jedermanns Sache. Für mich war es kein Problem, die Partyhütte in Schwung halten, einkaufen zu gehen und die Grundnahrungsmittel aufzufüllen, sprich, Alkohol zu besorgen. An Clubabenden den Wirten machen und im Winter den Heizer spielen, damit meine Besucher nicht einfrieren. Na wenigstens hatte ich mal eine Aufgabe, die mich etwas ausfüllte und mir Spaß machte. Nach ein paar Clubabenden hatte ich mich schon richtig eingelebt. Im Vereinshaus setzte ich ein paar Veränderungen um, besorgte für einen lehrstehenden Raum eine Menge Matratzen, dies wurde dann meine hauseigene Ausnüchterungszelle, über die im Laufe der Zeit sehr viele froh waren. Wo unsere Bar stand, wurde auch fein dekoriert, es sollte sich jeder Gast hier wohlfühlen und das taten sie auch. Woche für Woche war Freitagabend die Hütte voll. Es kamen mit der Zeit nicht nur Mitglieder, es sprach sich herum, dass es bei uns da gemütlich war. Langsam kam endlich richtig Leben in die Bude.

An einem offiziellen Clubabend warf ich mal die Idee einer Vereinszeitung in den Raum, die sofort auch auf offene Ohren stieß. Viele waren begeistert. Aber wie immer in den meisten Vereinen gab‘s auch hier wieder einige, die sich voll in die Sache rein hingen und andere, die für nix zu begeistern waren, dafür aber immer raunzten, wenn ihnen was nicht passte. Unsere Redaktion versuchte, diese Clubzeitung so richtig professionell aufzuziehen, um diese richtig gut zu präsentieren. Wir packten alles rein, Wissenswertes, Lustiges und Karikaturen mancher Mitglieder, Themen, die wirklich viele interessant fanden. An einem anderen Clubabend hatte ich die Idee für einen eigenen Patch. Ich fand, dass man ja auch äußerlich erkennen sollten, aus welchem Club wir entsprangen. Na dies war ja die „beste“ Idee für diesen verstaubten Verein. Zu schön, zu solide und zu bieder waren die meisten. Also gab‘s außer bei den jungen Wilden, die ich mit in den Club brachte, die totale Ablehnung. Mit dieser Idee verschreckte ich unsere

Mitglieder. Diese wollten ja eher gemeinsam nobel etwas trinken, sich bedienen lassen und nur bei Schönwetter mit dem Motorrad in den Urlaub fahren.

Mit der Zeit verspürte ich auch etwas Gegenwind im Club und sah immer öfter, dass ich hier schon überhaupt nicht hinpasste. Ich hielt so ein Jahr durch und dann war‘s genug. Ich suchte wieder das Weite. Hier gab’s für mich keine Zukunft. Manche vermissten mich da als Clubwirt, denn da war immer was los und alle fühlten sich wohl bei mir. Aber das reichte für mich nicht, um zu bleiben.

Um Opi ist es ruhig geworden

Es war alles anders, das gewohnte Umfeld, es hatte sich verändert. Wo waren die unbeschwerten Tage, die wir im Club der Ochtahoiwa immer hatten? Abhängen mit meinen Brüdern, zusammen die Gegend unsicher zu machen, die Feten, die wir an den unmöglichsten und schönsten Orten machten. Das einfache und unkomplizierte Leben, es war einfach weg. Ich fühlte, dass ich ein Déjà-vu erlebte. Erinnerungen an meine Anfangszeit mit meiner Speedy kamen wieder hoch. Ich war wieder allein unterwegs. Es war seltsam, keine 8 ½er um mich, niemand mehr an meiner Seite, mit denen ich mich amüsieren oder auch austauschen konnte, niemand, nur mehr ich mit mir allein. Ich fragte mich ob ich das Richtige getan hatte. Ich tauschte Lederjacke und Kutte gegen modische Jeans und Jackett. Sogar meine gewohnte Umgebung verließ ich, kehrte Kematen den Rücken und verkehrte nur noch in mir fremden Gegenden. Ich suchte Orte auf, die ich die Jahre davor eher gemieden hatte, weil dies mit Abstand nicht mein Metier war. Discos und Clubs waren mein neues Zuhause. Weit weg von meiner früheren Normalität. Ich trieb mich in der Wikinger, im Flowerpott, der Fledermaus oder im Diabolo rum, saß stundenlang an irgendeiner Bar, checkte die Besucher ab und hatte ab und an auch mal ein angeregtes Gespräch mit fremden Menschen. Dies war das Einzige, das mich an meine Bikerzeit erinnerte, Fremde quatschten und müllten mich oft zu, als würde ich ihr Beichtvater sein. Mir war‘s egal, bevor ich immer in meinen Gedanken versank, nahm ich mir lieber den Scheiß der anderen. Doch manchmal saß ich auch Stunden ohne Worte an der Bar und ordnete meine Sterne neu. Manchmal war mir auch nach verrückten Dingen.

Als mal an einem Freitag so absolut nichts vom Leben zu erwarten war, stieg ich ins Auto und fuhr ins Burgenland zu einem Kollegen meiner Reservistenzeit beim Bund. Der hatte mich bei unserer letzten Milizübung eingeladen, ihn mal zu besuchen. Am schönsten Nachmittag kam ich in Breitenbrunn an und überraschte meinen Kriegskumpanen. Jaaa, er war überrascht, als ich unangemeldet ankam. Zwar freute er sich sehr über meinen Besuch, doch unangemeldet ist immer scheiße. An diesem Tag hatte seine Angetraute Geburtstag, abends wollten die beiden essen gehen und sich einen schönen Abend machen. Aber weil er eben seine Alte öfter sah als mich, gehörte seine ganze Aufmerksamkeit mir. Wir beide machten uns also auf den Weg zu seinem Stammwirten, um uns ein paar Wiedersehensdrinks zu genehmigen. Seine Angetraute ließen wir zu Hause schmollen, denn wer will denn schon eine vor Wut kochende Frau beim Umtrunk dabeihaben? Nach ein paar Gläschen Cola rot und ein paar BCs wars auch schon dunkel und so gegen 1 Uhr früh, als wir zu Hause bei meinem Kollegen ankamen. Leider war es immer noch zu früh, denn sein Weib war immer noch wach und keifte wie aufgezogen. Als dann Joe mir auch noch das Übernachten bei ihm vorschlug, knallten bei ihr alle Sicherungen durch und es kam zu einem, ich sag mal, etwas hitzigen Wortgefecht. Als ich dachte, dass als nächstes Messer zum Werfen verwendet werden würden, verabschiedete ich mich kurz angebunden und schlich nach draußen. Ich denke, die beiden haben es nicht mal mitbekommen, dass ich nicht mehr anwesend war. Ich kann mir sogar vorstellen, dass die beiden, wenn sie sich noch nicht abgestochen haben, auch heut noch streiten.

Obwohl ich schon so 2 Promille erarbeitete hatte und eigentlich nicht mehr fahren hätte sollen, war ich froh, schon auf der B10 zu sein und weit weg vom Epizentrum des Burgenlandes. Es war ein chilliges Fahren, als ich dann am Highway war, alle Fenster nach unten, Füße raus und gemütlich nach Hause getuckert. Gegen halb vier morgens fuhr ich bei Amstetten West ab und dachte, dass noch ein Kaffee im Remmidemmi ein guter Ausklang wäre. Hurra, es war noch offen, als ich ankam. Ich setzte mich noch an die Bar zur Chefin. Während ich meinen Kaffee schlürfte, dachte ich noch an Joe. Ob er noch am Leben war? Egal, ich war wieder fast zu Haus und wusste, dass ich nie mehr unangemeldet zu Besuch kommen würde.

Die neuen Haie in Waidhofen

Die Zeit, wo wir im Ybbstal begannen, Football zu spielen, war wirklich eine geniale. Keiner von uns war der Technik mächtig, doch wir hatten, zumindest die meisten von uns, Mut, Willen, Kraft, Einsatz bis zum Letzten und waren blutrünstig. Außerdem hatten wir zu unseren Anfangszeiten die schwerste Offense und auch Defenseline Österreichs. Is schon mal was, wenn ma scho sonst ned viel vorweisen kann. Aber wichtig war, wir hatten Spaß an unserem Tun. Bei unseren Trainings war es immer brutal und ein Training ohne Blut war kein richtiges Training. Wir hatten in unseren Reihen richtige Tiere, die sich auch unsere Neuen gleich mal richtig zur Brust nahmen. Wir hatten einen kleinen Racker, der hieß Helmut. Er hatte Abmaße eines Kleinlasters, 1,92 groß, 126 Kilo und war damit auch richtig fix unterwegs, hatte einen gutmütigen Gesichtsausdruck, bis er den Helm aufsetzte, danach war er ein Tier. Wir hatten mal einen neuen Krieger aus Ybbsitz, ein untersetzter bärenstarker furchtloser Mann. Natürlich musste auch er sich an Helmut beweisen. Wir simulierten einen Spielzug, wo er an oder durch Helmuts Verteidigung vorbeimusste. Er bekam von mir den Ball, stürmte damit auf Helmut los, dieser stand regungslos in der Dreipunktstellung vor ihm und als unser Neuer knapp an ihm vorbei wollte, erhob sich Helmut flink, streckte seinen rechten Arm wie eine Bahnschranke von sich, mit diesem kollidierte unser Neuer und wie im Film überschlug's diesen rückwärts und ich dachte, das wars mit dem Willen, bei uns zu Spielen. Doch wie war seine Reaktion? „Wow, Wahnsinn, gleich nochmal, das is geil!!“ Ich war begeistert.

Ein anderes Tier aus Ybbsitz lernte ich im Krankenhaus kennen. Ich war das erste Mal wegen eines zerstörten Knies in Behandlung. Damals gab's noch viel Gips für wenig Knie, paar Schläuche hingen aus dem Gelenk und saugten Körperflüssigkeiten aus dem operierten Teil. Dass schönste daran war, ich durfte einige Tage nicht aufstehen und was macht da ein geselliger Mensch wie ich? Ich freundete mich mit meinem Bettnachbarn an und wir hatten von Anfang an viel Spass. Als wieder mal Besuchszeit war, sprang die Tür auf und ein hohes Tier mit knapp zwei Metern trat in unser Krankenzimmer. Er grüßte freundlich und grinste dabei gleich meinen Zimmergenossen an, den er besuchen wollte. Es stellte sich heraus, dass die beiden Nachbarn und, wie es schien, auch keine Kinder von Traurigkeit waren. Es lief der Schmäh und als ich den Besucher mal so etwas musterte, dachte ich, dass dieser Henker gut zu unserem Haufen passen würde. Er war ein dunkler Typ, so 1,96 m groß, breite Schultern, schlank und schien mir ein furchtloser Kamerad zu sein.

„Sag mal, möchtest du mal an gscheidn Sport mocha?", fragte ich ihn.

Er grinste und meinte, dass es außer Fußball keinen gescheiten Sport bei uns gäbe.

„Und wie wär's mit American Football?"

Er grinste wiederum und meinte: „Würd mi scho interessieren, aber es is schon a bissl weit, extra wegen Football übern Ozean zu fahren!"

„Brauchst ned", sagte ich, „wir bauen in Waidhofen grad a Mannschafft auf, hättst ned Lust, du würdest sicha gut zu uns passen!"

Er zuckte mit den Schultern und war noch nicht so recht überzeugt von dem Ganzen. Trotzdem gab ich ihm Trainingszeiten und die Info, wo das Ganze war. Als ich dann zum ersten Mal wieder zu meinen Footballkameraden kam, ach siehe da, trainierte mein neuangeworbener Mitstreiter schon die zweite Woche mit der Mannschaft und hatte Spaß dabei. „Na, doch mal Lust bekommen auf dieses Spiel?“

Er grinste und war von da an eine unserer Stützen der Mannschaft und bis Dato der einzige unserer Mannschaft, der den Sprung nach Amerika in eine Collegeteam schaffte. Sein Name: „Long John“, die Bestie aus Ybbsitz.

Eröffnung der Bärenjagd

Wir waren noch ziemlich am Anfang unserer Footballkarriere. Alle waren hungrig nach Spielpraxis und waren froh, wenn sich manche anderen neuen Vereine dasselbe dachten und uns einluden ihren Trainingsgegner zu geben. So erbarmten sich auch die Badener Bears und luden uns für ein paar Spielzüge ein. Ich sag mal nicht Trainingsspiel, sondern bewusst Spielzüge. In voller Vorfreude begaben wir uns mit ein paar Autos auf den Weg nach Baden. Wir wurden herzlich von ihnen empfangen und zu Beginn wurden auch noch Erfahrungen ausgetauscht und welche Erwartungen sie an uns hatten. Da war die Welt noch in Ordnung, doch dann wurden Panzer und Dressen übergezogen und schon sah alles anders aus. Wir hatten noch die üblichen Blödheiten im Kopf, wie witzeln oder noch mal ne Schnelle rauchen.

Anders die Bears. Als wir auf den Platz kamen, waren sie schon in Reih und Glied aufgestellt und spulten ihr Aufwärmprogramm ab. Ungläubig sahen wir dem Schauspiel mal zu und dachten dabei, wie es scheint, ist das hier ein offizielles Meisterschaftsspiel mit Unmengen an Zuschauern. Während die Bears ihr straffes Programm abspulten, versuchten wir auch mal etwas Bewegung in unsere Mannschaft zu bringen. Jeder wärmte sich ein bisschen auf, dehnte seinen geschundenen Körper, um für ein bisschen Bewegung mit dem Gegner gerüstet zu sein. Bevor wir gleich zur Sache kommen, will ich mal kurz zu der Strategie beider Mannschaften kommen. Die Badener waren auch ein junger Verein, deren Führung von anderen renommierten Clubs kam. Die Spieler wurden von Anfang an schon auf Disziplin und Taktik trainiert. Ihr Trainingsprogramm kam vom Fachmann und die Theorie aus dem Buch. Also ein Verein, wie man ihn sich vorstellt. In der anderen Ecke waren wir Sharks. Wir trainierten nach dem Gesetz des Dschungels, der stärkere überlebt, und fressen, um nicht gefressen zu werden. Die wichtigsten Trainingsbücher, die wir besaßen, waren der Blutspenderausweis und der Impfpass bezüglich der Tetanusimpfung. Unser Aufwärmen war mal eine rauchen, den Gegner verarschen und das wars auch schon.

Nach gefühlten Stunden des Aufwärmens der Bears ging es endlich mal zum Wesentlichen. Es wurden Angriffs- und Verteidigungslinien gebildet, wir sollen dabei die Verteidigung machen, weil die Bären ihr Angriffsspiel mal mit echten Gegnern testen wollten. Unsere Verteidigung bestand unter anderem aus Heli, unserer menschlichen Straßenwalze, Karl, dem fleischgewordenen Rammbock, Jimmy, unserem Killerpflug und mir, ich war der entspannte Tiefflieger und ungefährlichste der Verteidigung. Als sich unsere Linien in Dreipunktstellung gegenüberstanden, waren wir etwas überrascht, denn uns gegenüber standen, wie es schien, Bestien. Es wurde geknurrt, gekeift und dabei wurden uns so richtig böse Blicke zugeworfen. Heli war unser Nose Guard, er stand in der Mitte und dem Center gegenüber, der den Ball für den Angriff ins Spiel brachte. Dahinter war der Quarterback, das war der Spielmacher der Angreifer und der Gott einer Mannschaft, weil er das Hirn der Mannschaft war. Ich stand beim ersten Spielzug direkt neben Heli und verfolgte seine Reaktion auf das bösartige Knurren seines Gegenübers. Heli sah ihn an und grinste ihm freundlich entgegen. Als endlich der Quarterback das Kommando für den Start des Spielzuges gab, gab es kurz danach einen furchtbaren Knall und vier Bears lagen auf dem Rücken. Was war geschehen? Helis freundliches Grinsen gab nach Beginn des Spielzugs Schub, breitete seine langen Fangarme aus, krallte sich mein Gegenüber, den an der anderen Seite knurrenden Angreifer, riss die beiden aus den Schuhen und mit dem Helm streckte er auch noch sein direktes Gegenüber nieder, sodass dieser den Ball nicht mal zu seinem Spielmacher reichen konnte. Nach diesem Überfall Helis sah man einige verdutzte Blicke der Bären und, wie es schien, waren sie etwas überrascht worden. Der zweite Spielzug war fast so wie der erste, nur Heli machte auf mein Anraten hin nicht so viel Dampf. Der Center knurrte zwar immer noch Heli an, doch es klang schon etwas verhaltener. Als der Spielzug startete, gab es plötzlich wieder einen Knall, doch diesmal hat Heli den Center direkt auf seinen Quarterback geworfen, dass beim nächsten Spielzug mal der zweite Quarterback ran musste. Auf Intervention des gegnerischen Coaches mussten wir leider Heli etwas zurücknehmen, denn der erste Spielmacher hatte bei dieser Aktion leider paar kleine Blessuren abbekommen. Nun startete eben der neue Mann den Spielzug und noch bevor er den Ball in seine Finger kriegen konnte, knirschte es auch schon in seinem Gebälk. Nein, nicht Heli rauschte wieder ran, es war unser Pflug aus der zweiten Reihe, Jimmy, unser Crashlinebacker. Der flog von hinten heran, bahnte sich seinen Weg zwischen zwei Linemen durch und knüppelte den neuen Spielmacher nieder. Etwas benommen rappelte er sich wieder hoch und besprach mit seinen schon ein bisschen geknickten Kollegen den nächsten Spielzug. Es machte einen ja schon fast traurig, wenn man mitansehen musste, wie schmerzverzerrt der Gesichtsausdruck der Bären war, doch sie gaben nicht auf. Es wurde zwar beim nächsten Spielzug kein Knurren mehr gehört und kein böser Blick mehr gesehen, aber sie gaben weiter ihr Bestes. Nun kam auch meine Zeit. Als der Spielmacher sein Kommando gab, war er leider etwas langsam und als er sein „Los!“ brüllen wollte, kam ich schon angeflogen, konnte in der Luft leider nicht mehr bremsen und knüppelte den Spielmacher ungebremst nieder. Nun hatten wir ihn so weit und es musste der dritte Quarterback das Amt übernehmen. Aus dem anfänglichen bösartigen Getue an der Bärenlinie wurde langsam ein resignierendes und schmerzverzerrtes Gejammer. Es waren ja nicht nur die von mir erwähnten Bestien am Werk, nein, auch die anderen Killer unserer Reihen ließen immer die Sau raus und das bekamen eben alle Bären zu spüren. Besonders schlimm bekamen ihre Spielmacher unseren ruppigen Stil ab und ein paar Spielzüge später hörte man sie am Spielfeldrand schon streiten. „Ich will nicht mehr, du bist dran!“, „Ich war auch grad, ich hab schon!“ Ja, es war traurig. Doch das bittere Ende führte ich leider herbei. Es wurde wieder ein Spielzug freigegeben, ich startete aus meiner Linebacker-Position und erwischte diesmal den richtigen Moment. Ich startete nach vorn, hinter meiner D-Line drückte ich mich ab, segelte über beide Linien der Bestien und als der Quarterback gerade den Ball annahm, flog er schon samt Ball auf den Rücken, wurde von meinen

95 Kilo begraben und erstickte fast an mir. Nun war es endgültig vorbei mit dem Training. Die Spieler der Bears wollten nicht mehr, sie schimpften und beklagten sich bei uns, weil wir, wie sie sagten so brutal und gefährlich spielen würden. Wir nahmen diese Anschuldigungen mit einem lächelnden Achselzucken zur Kenntnis und meinten nur, dass dieses Spiel eben nicht „Halma" oder „Mensch ärgere dich nicht" heißt, es war eben Football, etwas für richtige Männer. Zum Abschied rauchten wir noch eine und dann ritten wir wieder gegen Westen. Komisch, die Bären luden uns nie wieder für ein Spielchen ein, na sowas aber auch.

Die bittersten Stunden der Sharks

Nun war es endlich so weit und es wurde das erste echte Spiel ausgemacht, um zu sehen, wie weit uns unser Training schon gebracht hatte. Natürlich wollten wir uns gleich mit einer der besten Mannschaften Österreichs, den Guntramsdorf Redskins messen, denn sollten wir vielleicht verlieren, konnten wir uns mit einem übermächtigen Gegner rausreden. Doch verlieren, dass gab's in unserem Vokabular noch gar nicht. Wir hatten ja schon ein paar Trainingseinheiten gegen andere Clubs gehabt, die neu entstanden waren. Als nun der Tag der Entscheidung kam, trafen wir uns schon am frühen Vormittag in Waidhofen, hier wurde unser Debut im American Football gefeiert. Es wartete noch viel Arbeit auf uns, der Platz musste noch markiert werden und alles, was rund ums Spiel war, musste auch noch gemanagt werden. Bis zum Mittagessen waren wir alle noch guter Dinge, bis dann unser Gegner mit einem riesigen Aufgebot an Spielern anrückte. Es war die komplette Mannschaft in Vollbesetzung angerückt, 45 durchtrainierte und kampfeshungrige Maschinen. Ja, ich muss sagen, die Jungs machten Eindruck auf uns. Warum? Wir waren nur schlappe 25 Krieger die dem sicheren Tod ins Auge sahen. Doch Angst oder etwas anderes in die Richtung kannten wir nicht. Schon beim Aufwärmen sah man einen kleinen Unterschied, bei den Redskins gings zackig unter dem Kommando des Quarterbacks. Auf der anderen Seite des Feldes sah man ein paar Haie, die wie in einem zu großen Aquarium herumirrten. Als dann die Schiris auf das Feld kamen, sah man den kleinen Unterschied. Für den Münzwurf wurden die Mannschaftskapitäne auf die Platzmitte geholt. Bei uns waren es drei Mann und bei den Redskins waren es acht. Nachdem klar war, dass der Gegner den Ball bekam, machte ich mich fertig, den Ankick zu machen. Ich knallte den Ball zu der Hintermannschaft der Redskins und die startete den ersten Angriff. Die Vorblocker räumten für ihren Ballträger den Weg frei und dieser trug den Ball gleich in unsere Endzone. Super, 15 Sekunden gespielt und schon 0:6 hinten, fängt ja schon gut an. Als nächstes bekamen wir den Ball, aber schon kurz nach der Ballannahme von unserem Kickreturner wurde dieser von vier Verteidigern in den Stadionrasen gewalzt. Plötzlich flog auch ein gelbes Tüchlein eines Schiedsrichters aufs Feld, dies macht er immer, wenn er ein Foul gesehen hatte, und mit dem Tüchlein markiert er die Stelle des Fouls. Da wir ja noch nie ein offizielles Spiel hatten, wussten einige noch nicht, wofür es den Fetzen gab. Kerschi, einer unserer Saubermänner, sah das Tuch am Boden liegen, stürmte hin, hob es auf und streckte es dem Schiri hin mit den Worten: „Tschuldigung, Sie haben da was verloren!“ Der Schiri war da etwas verwundert, denn dass ihm jemand sein Tuch nachtrug, hatte er auch wohl noch nie gesehen.

Nachdem wir beim nächsten Spielzug den Ball wieder dem Gegner abgeben mussten und wir den nächsten Touchdown kassierten, machte sich schon etwas Frust breit. Doch wir kämpften tapfer und zur Halbzeit waren wir schon 91:0 hinten. Aber wie der Pfeffer-Toni schon damals gegen Spanien im Fußball bemerkte: „Recht hoch werd mas heut nimma gewinnen!“ Ja, den Sieg hatten wir schon abgeschrieben, aber wir gaben weiterhin alles, was ja bei stumpfen Waffen und Unvermögen ja nicht wirklich viel bewirkte. Mit der Zeit waren bei unserer Mannschaft schon zwölf anstatt elf Feldspieler, denn der Hauptschiri sagte uns schon die Spielzüge an und coachte uns, soweit er konnte. Am Schluss stand es 143:0 also, wir hatten knapp verloren.

In unserer Kabine war danach die Stimmung so ziemlich am Boden, doch ein Gutes hatte dieses Spiel, wir wussten, wo es bei uns noch fehlte, so ziemlich überall. Die nächsten Trainings wurden wieder härter trainiert und natürlich auch an der Taktik gefeilt. Beim nächsten Spiel verloren wir dann auch nur mehr mit 89:0. Wir sahen, dass es langsam bergauf ging. Bei unserem nächsten Spiel konnte ich leider nicht mehr mitwirken, denn bei einem der letzten Trainings dachte mein Knie nicht mehr ans Weitermachen. Hurra, eine OP rief wieder.

Überfahren von einem Schneepflug

Ja, damals waren wir ja wirklich noch wetterfeste wilde Hunde. Wir trainierten auf unserem geschotterten Trainingsplatz vor der Sporthalle in Waidhofen. Schürfwunden waren da ja sowieso an der Tagesordnung. Besser wurde es erst, als wir im Winter trainierten. Schnee bis zumindest über die Knie, das war echtes Krafttraining. War ja wirklich spaßig, wenn du dich mit aller Mühe durch den Schnee quältest. Wir liefen etliche Runden um den Platz und danach, als wir die Feldmarkierungen in den tiefen Schnee gerannt hatten, machten wir noch ein Spielchen. Da wusste ich noch nicht, dass dieses Spielchen für mich für längere Zeit das letzte war. Ich bekam von meinem Quarterback einen langen Pass, fing diesen und wollte damit in Richtung Endzone. Leider hatten Heli und Karl etwas dagegen. Die beiden Verteidiger rannten auf mich zu und tackleten mich von der Seite ziemlich hart. War ja leicht, die beiden hatten zusammen 230 Kilo und ich zartes Bürschchen nur 90. Es kam zu einem harten Aufschlag, es krachte schwer in meinem linken Knie, ich ging unter der Last meiner zwei Gegner hart zu Boden und plötzlich sah ich nur noch ein friedliches weißes Bild vor meinen Augen. Wow, dachte ich, bin ich nun tot und ich sehe das Licht? Hätte ja sein können nach diesem Aufprall. Aber irgendwas stimmte nicht. Wenn man ins Licht geht, hätte man keine Schmerzen, hab ich gehört. Bei mir war das irgendwie etwas anders. Nach dem ersten Krachen kam dann noch ein Schmerz in den Rippen und danach ein stechender dumpfer Schmerz im Knie. Das weiße Licht, das ich sah, war nicht aus dem Tunnel, in den man nicht gehen sollte, nein, es war einfach nur Schnee, den es mir durchs Gesichtsgitter in die Schnauze drückte und der so reingepresst wurde, dass er selbstständig nicht mehr raus lief. Ich lag also im Schnee, befreite mein Gesicht von den Schneemassen und sah dabei Heli und Karl, wie sie mit ihrer Verteidigung zufrieden waren. Doch als ich mein abgewinkeltes Bein im Schnee nicht mehr strecken konnte und ich einen richtig bösen Schmerz verspürte, sahen die beiden, das mit mir etwas nicht stimmte. Sie halfen mir hoch und mein Knie funktionierte immer noch nicht. Es war so, als hätte mir jemand eine Sperre im Knie aktiviert, damit ich es nicht strecken konnte. Mit viel Gefühl und Zeit versuchte ich es immer wieder zu strecken, bis ich es doch mit einem weiteren Knall im Gelenk schaffte. Natürlich waren im ersten Moment alle geschockt, was da gerade passiert war, aber meine Mitspieler sammelten sich auch bald wieder und schafften mich mal vom Feld. Als sie sahen, dass mein Knie immer dicker wurde, meinten sie doch, mich ins Krankenhaus bringen zu müssen. Glücklich war ich nicht darüber, aber besser mal geröntgt und nichts gefunden als was übersehen, dachte ich. Als wir im Krankenhaus ankamen, konnte ich ja fast wieder normal gehen und ich dachte schon, dass wir eigentlich wieder fahren konnten, doch zu spät, einmal angemeldet bleibst schon sitzen auch. Als ich dann aufgerufen wurde und zum Doc kam, wollte er gleich mal wissen was passiert sei. Als ich damit begann zu erzählen, dass wir in Waidhofen Football spielen würden, war er auch schon neugierig und während er mich abtastete und mein Bein in jede Richtung mal verbog, hörte er mir aufmerksam zu. Bei einigen Bewegungen dachte ich, ich muss vom Untersuchungstisch springen aber ich verkniff mir das Gejammer, bin ja kein Weichei.

„Ich dachte es mir doch“, sagte der Arzt, „Da ist sicher was gerissen!“

Nachdem er mich dann zum Röntgen geschickt hatte und ich wieder zurück in die Ambulanz kam, sah er sich die Bilder an und meinte, dass ich unbedingt noch zur MR Untersuchung müsste, um genauer die Schäden, die ich abbekommen hatte, zu sehen. Tags darauf ließ ich einige Scheibchenfotos meines Knies machen und startete damit wieder zu meinem Arzt ins Krankenhaus. Er sah bei der Durchsicht nicht wirklich begeistert aus und meinte, dass wir da ohne OP nicht mehr auskommen würden. Weil ich ja ein liebenswerter Mensch war, meinte er, dass ich doch gleich hierbleiben könne, und wir schauen mal rein ins Knie. Was blieb mir denn übrig? Ich zog ein in mein neues Winterquartier und gleich am nächsten Tag wurde eine Arthroskopie gemacht. Als ich danach wieder auf mein Zimmer kam, war ich begeistert, keine Schmerzen, nur ein kleines Brennen, na solche OPs kann ich öfter mal vertragen. Am nächsten Morgen kam ein Rudel Ärzte und Krankenschwestern zur Visite und mein Beinchen wurde von meinen Bandagen befreit. Na, sieht nicht schlecht aus, dachte ich, zwei kleine Schnittchen und etwas Farbe dran von der Desinfektion und sonst nichts. Als mein Arzt zu mir kam, betrachtete er mal meine Krankenkurve und nach einer Weile sagte er: „Es ist leider so, wie ich es befürchtet hatte, das vordere Kreuzband und das Außenband sind gerissen, der Meniskus ist auch gerissen und einen kräftigen Knorpelschaden haben Sie auch abbekommen!“

Wahnsinn, dachte ich, für so einen Totalschaden nur zwei kleine Schnitte und kaum Schmerzen, weswegen andere oft so jammern.

„Wir werden nächste Woche Montag die OP durchführen, danach wird's schon wieder werden!", meinte der Arzt.

Häääää? Noch eine OP? Na super, des wird mein Boss in der Firma aber ned gefallen. Während meines kurzen Heimataufenthaltes besuchte ich noch meine Jungs beim Training und erzählte ihnen, was alles im Krankenhaus los war und was noch auf mich zukommen würde. Aber ich konnte es auch nicht lassen und trainierte ein bisschen mit, das machte Spaß und tat nicht wirklich weh. Als der Tag der OP kam, war ich doch etwas nervös. Ich wurde noch schnell vom Anästhesisten gebrieft, was alles sein könnte und dass ich das Ganze auch vielleicht nicht überleben könnte und dass ich ihnen deswegen nicht böse sein sollte. Ich wurde auch belehrt, dass ich vor dem Eingriff nichts mehr rauchen sollte. Danach bekam ich auch noch ne kleine Spritze, zwecks beruhigender Wirkung. Verstand ich zwar nicht, ich war ruhig, aber wer weiß.

Die Zeit verging und ich wurde nicht und nicht zur OP abgeholt. Damals durfte man am Gang des Krankenhauses noch rauchen, das nutzte ich auch restlos aus und zog mir eine nach der anderen rein. Nach gefühlt einem Päckchen kam endlich ein Pfleger, der mich abholte. Er fuhr mich in meinem Bett durchs halbe Krankenhaus zur Sightseeing-Tour, wir hatten viel Spaß bei unserer Rundfahrt und schlossen diese im Vorraum des Operationssaals ab. Dort durfte ich mich total entblößen und ich war schon voller Erwartung, nun kam bestimmt eine geile Krankenschwester und es würde vor der OP nochmals zur Sache gehen.

Ich dachte ja bloß, könnte zur Beruhigung sein. Aber, weit gefehlt, ich wurde in die Folterkammer gebracht und musste dann selber auf den Opfertisch springen. Schläuche wurden angesteckt, Nadeln in mich gebohrt und ich wurde auch festgeschnallt, ich denke, damit ich nicht abhauen konnte. Zu guter Letzt wurde mir noch ein Mittelchen gespritzt, wo sie mir wohl meine Intelligenz nehmen wollten, denn ich wurde aufgefordert langsam von zehn abwärts zu zählen. Auf einmal war das Licht aus und ich war ausgeknockt. Als ich wach wurde und wieder ins Leben zurückkam, waren mein Pfleger und ich gerade unterwegs Richtung Zimmer. Dort angekommen, wuchteten mich mein Fahrer und eine andere Schwester in mein Bett, wo ich gleich danach wieder ins Träumeland fiel. Stunden später erwachte ich aus meinem Prinzessinnenschläfchen und war fast ein bisschen verwirrt. Ich hatte einen Spaltgips bis ans obere Ende meines Beines und aus dem Bereich des Knies kamen zwei Schläuche, die in so Halbliterfläschchen mündeten. Na Bravo, jetzt wird mir der Alkohol schon aus dem Knie abgepumpt! Ganz falsch, es wurden mir nur Blut und andere Flüssigkeiten aus meinem Knie abgesaugt. Toll, nun konnte ich nicht mal eine rauchen gehen, obwohl, mir gings sowieso nicht so gut. Ich bekam nicht mal den Besuch meiner Mutter mit. Ich fühlte mich äußerst schwach und jeder Moment, in dem ich sterben würde, wäre für mich der beste. Ich hatte schwere Schmerzen im Knie und obwohl ich es nicht zeigte, fragte mich eine Schwester, ob ich nicht doch ein Schmerzmittel einnehmen wolle. Schmerzmittel? Ist doch was für Luschen, dachte ich schweißgebadet. Böse Zungen behaupteten, dass meine Schmerzen wohl so stark waren, weil ich die Zeit vor der

OP noch so viele Glimmstängel vergewaltigt hatte. War wohl ein Mythos, aber trotzdem plausibel.

Als es mir am nächsten Tag dann schon etwas besser ging, war ich auch schon wieder in meinem Element, lockere Sprüche, ein Gag jagte den anderen und es wurde viel gelacht in unserem Zimmer. Schlimm war nur, dass auf dieser Station eine Krankenschwester Dienst machte, die absolut spaßbefreit war und kein Verständnis für guten Humor hatte. Sie war immer nur schnippisch zu mir und immer gleich eingeschnappt, wenn ich verbal über sie herfiel. Doch am Abend, bei der Visite, spürte ich die Rache der Todesschwester. Als der Arzt sie anwies, mir meine Fläschchen mit der Flüssigkeit aus meinem Knie zu wechseln zeigte sie die Abneigung gegen mich. Normalerweise wurde der Schlauch abgeklemmt, die Flasche abgeschraubt, die neue drauf und dann wurde die Klemme wieder abgenommen und der Schmerz vom Sog war nicht so schlimm. Meine Horrorschwester kürzte das Ganze ab und ließ mal die Klemmen weg beim Flaschentausch und freute sich, weil ich vor Schmerzen fast an die Decke sprang. Es war ein Gefühl, als ob sich das Knie mit Luft füllen würde und zu explodieren drohte. Endlich hatte sie ihre Rache, doch das war für mich ein Grund, sie noch mehr auf die Schaufel zu nehmen, egal, was sie mir danach auch wieder antat.

Nach drei Tagen, bei der Morgenvisite, bekam ich dann meine Schläuche rausgezogen. Eigentlich freute ich mich darauf, davon befreit zu werden, doch ich sollte noch mal kurz für meine Verfehlungen im Schlächtertempel büßen müssen. Der Oberarzt, der böse Bube, musste ausgerechnet eine hübsche Assistenzärztin dazu verdonnern, diese Aktion durchzuführen. Im ersten Moment freute ich mich darüber, doch im zweiten eher nicht mehr. Das Püppchen war leider etwas zu gefühlvoll für eine angehende Ärztin, ihr tat das Entfernen der Schläuche mehr weh als mir, dass zeigte mir zumindest ihr schmerzverzerrter Gesichtsausdruck. Sie wollte mir ganz vorsichtig den Schlauch rausziehen und machte es gaaaaanz langsam und genau das ist das aller schlimmste. Für mich waren das Schmerzen, als ob meine Innereien des Knies samt Fleisch am Schlauch kleben würden und langsam mit nach außen gezogen würden. Schweißausbrüche überkamen mich, doch ich wollte den Schmerz nicht zeigen, denn mir tat die hübsche Ärztin auch leid, sie bemühte sich ja wirklich sehr. Noch schnell ein Pflaster drauf und dann war's das auch schon. Nach der Visite konnte ich endlich wieder entspannen und die restlichen Tage meines Aufenthaltes waren dann auch schon erträglicher. Als ich das erste Mal mit Krücken aufstehen durfte, um endlich auf den Topf zu humpeln, mahnte mich eine Schwester, dass ich nur aufstehen durfte, um auf den Lokus zu gehen, und dabei ja nicht auf mein frisch gerichtetes Bein aufsteigen sollte. Ich versprach es ihr und schon war ich nach draußen unterwegs, aber nicht ohne mein Rauchzeug zu vergessen. Zurück vom Thron ließ ich mich am Gang auf einen Stuhl fallen und zog genüsslich mal zwei Lucky Strike durch, doch dies war ein Fehler. Mir wurde etwas schwummrig, war ja das Rauchen nicht mehr so gewöhnt. Also machte ich mich vorsichtig wieder auf den Weg ins Bett. Erschöpft und etwas wirr in der Birne schlief ich dann auch mal wieder ein. Auf einmal hörte ich Wirbel vor dem Krankenhaus und meinte, meinen Namen gehört zu haben, der da draußen gerufen wurde. Ich ignorierte dies, ich dachte ich hätte mich da ohnehin nur verhört. Plötzlich klopfte es an der Tür und herein kam ein Spieler meiner Sharks. „Hey Opi komm mit, wir dürfen nicht mehr zu dir hochkommen, aber in der Kantine dürfen wir noch eins trinken, kommst mit!“

Ich freute mich zwar, dass ich Besuch von meinen Jungs bekam, aber irgendwie schämte ich mich auch, weil sie spät abends die Ruhe der Klinik störten. Aber egal, ich humpelte zum Fahrstuhl und schon gings nach unten in die Kantine. Mensch, waren die alle besoffen. Training fiel an diesem Tag aus und bei unserem Vereinswirten, wo wir nach dem Training meist saßen, wurde ersatzweise schwer gebechert. Egal, ich freute mich, dass sie da waren und ich ein wenig Zerstreuung hatte. Als dann auch die Kantine schloss, wünschten mir alle noch gute Besserung und waren auch schon wieder weg. Übrig blieb ich alleine, mit ein paar Zeitschriften, einem Doppler Wein und einem Korkenzieher, denn das wichtigste vergaßen meine Jungs nie und ein paar anderen Mitbringsel gab‘s ja auch noch. Gott sei Dank hatte ich einen Bademantel übergeworfen, der tiefe Taschen hatte, sonst hätte ich meine Geschenke nicht alle transportieren können. Wein hatte ich in einer Seitentasche, die Zeitschriften in der anderen und den Korkenzieher hatte ich mir an die Halskette geschnürt. Voll bepackt humpelte ich zum Fahrstuhl. Ich drückte voller Erwartung den Knopf und … der Fahrstuhl kam nicht. Danach hüpfte ich zum Nachbarlift, drückte auch an dessen Rufknopf und der kam auch nicht. Ich war ratlos. Naja, dachte ich, vielleicht eine Störung. Also humpelte ich durchs ganze Erdgeschoss durch zum nächsten Fahrstuhl, drückte wiederum und auch diesmal kam er nicht. Ich war verzweifelt, aber auch schon müde und wollte eigentlich nur mehr ins Bett. Es blieb nur noch der Weg über die

Treppe, ich musste ja nur zwei Etagen nach oben. Jeder, der schonmal mit Krücken und einem schweren Gipsbein die Treppe zwei Geschosse hochgehüpft war, weiß, was ich an diesem Tag durchmachte. Schwer bepackt und etwas geschwächt, weil es der erste Tag war, wo ich aufstehen durfte, quälte ich mich Stufe für Stufe nach oben. Als ich oben ankam, sah ich in die Gesichter des Putztrupps, die den Boden auf meiner Etage bohnerten und deswegen die Aufzüge alle abstellten, damit niemand durchlatschen konnte. Wie man sich das vorstellen konnte, war ich reichlich aus der Puste und die Damen dachten, dass eine alte Dampflok die Treppe hochkam. Nachdem ich mich dann kurz vom Aufstieg erholt hatte, krückelte ich weiter in Richtung Wigwam. Als ich kurz vor meiner Zimmertüre ankam, rutschte mir urplötzlich an einer nassen Stelle eine Krücke weg und ich knallte mit meinem Gipsbeinchen voll auf den Boden. Der schmerzende Stich, der danach in meinem Knie folgte, brachte mich dazu lautstark zum Fluchen, dass sogar eine Nachtschwester aus ihrem Kämmerchen gestürzt kam, um nach dem Rechten zu sehen. Mit schmerzverzerrtem Gesicht schlich ich in mein Zimmer und wuchtete mich in mein Bett. Wie immer konnte ich nicht schlafen, aber diesmal hatte ich einen Grund, der mich wachhielt, hoffentlich hatte mein Knie den Aufklatscher am Gang gut überstanden.

Am nächsten Morgen war der neue Schmerz Gott sei Dank wieder weg und ich war etwas beruhigter. Als dann auch noch bei der Morgenvisite der Doc sagte, dass ich am Wochenende nach Hause durfte, war ohnehin von Schmerzen keine Spur mehr.

Ratschtante Krankenschwester

Ich war endlich wieder in der freien Wildbahn. Nach drei Wochen Gips bekam ich eine Bewegungsschiene verpasst, damit ich nicht mehr so schwer zu tragen hatte. Das wars dann auch schon wieder mit Vergünstigungen. Ich musste weiterhin mit Krücken laufen und durfte immer noch zwei Wochen mein Beinchen nicht belasten und danach nochmal zwei Wochen leicht mitlaufen lassen, die restlichen zwei Wochen der insgesamt sechs durfte ich dann auch schon aufsteigen. So war mal die Theorie. Aber ich bin eben ich und meine Meinung war immer: Was versteht denn schon ein Arzt von einer richtigen Reha. Zu Hause wurde mal die Schiene abmontiert und mal leichte Beugeübungen gemacht. Beim nächsten Training meiner Sharks war ich dann auch schon wieder dabei und trottete so gemütlich meine Runden, immer mit Bedacht und mit einem horchenden Ohr an meinem Körper, um zu hören, wie dieser mit meiner eigenen Reha so zufrieden war. Beim nächsten Training konnte ich schon fast schmerzfrei meine Runden drehen und ich spürte, wie mein Knie die Alltagsbewegungen wieder gewöhnt war. Nun musste ich aber auch wöchentlich ins Krankenhaus, da wurde meine Schiene immer um ein paar Grad verstellt, damit ich mein Knie langsam immer weiter abbiegen konnte. Die ersten Male war der Doc so ziemlich verblüfft, warum mein Knie schon weiter zu beugen war, als die vorgegebenen Einstellungen hergaben. Für mich war es kein Wunder, ich hatte nach den ersten zwei Wochen schon die Bewegungsschiene an den Nagel gehängt und nur mehr zum Nachstellen für's Krankenhaus angelegt. Ich trainierte nun mit meinen speziellen

Kniemanschetten schon fast voll mit der Mannschaft und ich fühlte mich wohl dabei. Als ich wieder einmal ins Krankenhaus zu meinem Doc kam, sah er mich, als ich kam, schon so komisch an. „Und, wie geht's?", fragte er mich.

Natürlich kam von mir die Antwort, dass ich mich schon sehr freue, dass ich meine Krücken an diesem Tag endlich wegschmeißen durfte und mein Beinchen ab sofort richtig belasten durfte. Er grinste und meinte: „Wie geht es eigentlich beim Training am Sandplatz?"

Ich sah ihn an und fragte ganz scheinheilig, was er denn damit meine. Er erzählte mir von meiner Spaßbremsenschwester, die mich auf ihrer Station schon gequält hatte. Sie sei mit ihrem Mann in der Allee spazieren gegangen und habe mich beim Trainieren mit der Mannschaft erwischt. Natürlich hatte mich die Hexe sofort verpfiffen. Nachdem mich der Obermediziner dann noch zusammenstauchte, meinte er nur noch, dass ich unbedingt die Schiene nehmen und vorsichtig mein Knie aufbauen sollte. Ich versprach es ihm und verschwand wieder aus der Ambulanz. Natürlich wurde das Ding zu Hause abgenommen und wieder Aufbautraining betrieben.

Unter uns gesagt, dieses Knie hielt dann Ewigkeiten, bis mir dann meine Enduro-Leidenschaft wieder das ganze Knie zerstörte. Dies ist aber eine andere Geschichte.

Pensionistensport

Nachdem meinem Lieblingssport, dem Football, wegen meiner weiteren Kniezerstörung mal eher eine kleine Pause vergönnt war, traf ich meine Kumpels Geggi und Stoff von den Ochtahoiwan. Wir saßen gemütlich beim Wirten und schwatzten über alte Geschichten. Plötzlich meinte Geggi, dass bald das Training anfangen würde.

„Was für a Training?“, fragte ich verwundert, denn Sport war ja nicht gerade ein Steckenpferd von ihm.

„Asphaltstock schießen geh ma, komm doch mit, wir brauchen ohnehin neue Schützen!“, sagte Geggi. Ja, genau, ich und Stockschießen!! Ist ja genau so, als ob Tom Brady, ein Jahrhundertquarterback, plötzlich zu Schachspielen kommen würde. Ich dachte nur, dass dies ein Pensionistensport war, wofür ich doch noch etwas zu jung wäre. Aber neugierig, wie ich eben halt war, ließ ich mich überreden und kam mit. Dort angekommen, wurde ich auch schon bestätigt, es waren fast nur Pensionisten am Platz. Zuerst sah ich dem ganzen Treiben mal zu und ich war wirklich etwas schockiert. Ein Rudel alter Menschen, die einen gekennzeichneten Raum auf und ab gingen, zwischendurch mal beim Bierchen oder beim Spritzer abbissen und einen Gegenstand aus Hartplastik hin und her schossen. Zwischendurch wurde gejohlt, gestritten und manchmal wurde auch ein Schütze schwer zur Sau gemacht.

So a blöder Sport, dachte ich. Plötzlich stand Geggi mit einem Sportgerät vor mir und meinte, dass ich es auf der Nebenbahn mal versuchen sollte. Nach ein paar Erklärungsversuchen probierte ich mal den ersten Schuss. Verdammt, was ist denn das!! Ich brachte das blöde Ding nicht mal raus aus dem Feld, in dem ich stand. Eigentlich sollte das Gerät im Zentrum des gegenüberliegenden Feldes zu stehen kommen, da fehlten nur noch gut 20 Meter. Mann, war ich verwirrt. Da waren Menschen, die schon an den 80 Lenzen kratzten, im nassen Zustand so 60 Kilo wogen, sogar diese knallten noch andere Stöcke aus dem anvisierten Feld gegenüber. Ich, eher auf Kraft übersetzt, jung und dynamisch, ich brachte dieses Ding nicht mal acht Meter weit. Geggi sah meinen entsetzten Gesichtsausdruck und meinte lächelnd, dass es vielleicht die falsche Laufsohle sei, die er mir auf mein Sportgerät geschraubt hätte. Er schraubte meine hellblaue Platte vom Stock und machte eine gelbe drauf.

„Die läuft etwas schneller!“, belehrte er mich. Ich versuchte damit mal mein neues Glück, stellte mich an die Abschusslinie, schwang das Ding ein paarmal hin und her und siehe da, es wurde nicht besser. Vielleicht ein paar Zentimeter, die ich näher an mein Ziel kam. Alle sahen mich verwundert an, wie konnte so ein Büffel wie ich das Material kaum ein paar Meter bewegen? Da stand auch schon Geggi mit einer neuen Laufsohle schraubte diese an mein Sportgerät und meinte nur, dass mit dieser Platte sogar Kleinkinder ins andere Feld kommen würden. Das beruhigte mich etwas und ich versuchte einen neuen Anlauf. Ich schwang mich ein, ließ das Ding los und … versank fast im Boden vor Scham. Aus jedem Winkel der Schützen kam das Auslachen, nicht mal die brüchigsten Pensionisten konnten sich das Lachen verhalten. Langsam wurde ich wütend, dass gibt’s doch nicht, dass ich dieses blöde Ding nicht an ihren Bestimmungsort zu schieben vermochte. Ich holte mir mein Sportgerät, brachte mich wieder in Stellung, wedelte ein paarmal, während ich den Stingel etwas fester umgriff. Ich holte aus, gab diesem blöden Kunststoffteil vollsten Schub und ließ los. Normalerweise erschießt du mit diesem Hammer ein Mammut, doch was passierte? Da ich meine Haltestange doch eher fest in der Hand hielt, ließ ich zu spät los und anstatt so einen Schritt vor mir auf dem Asphalt wegzugleiten, flog dieses Teil in einer Höhe von eineinhalb Metern so an die fünfzehn Meter, bis es zur Landung aufsetzte und danach zur Seite wegrollte. Wow, sah eher gefährlich als sportlich aus. Die Menge sprang auseinander und irgendwie wurde aus dem vorangegangenen Auslachen eher ein schimpfendes Gebrüll. Auf diesen Schock meinte Geggi, noch eine letzte Idee zu haben. Er gab mir eine weiße Platte mit den Worten: „Wenn du die an einer etwas unebenen Fläche abstellst, rutscht die von selbst weg, die wird normalerweise nur bei schweren Pfützen auf der Bahn genommen.“

Eigentlich reichte mir das Auslachen der Eisschützen schon, aber auf Drängen meiner Kumpels versuchte ich es trotzdem nochmals, diesmal eher mit Gefühl, wenn das Ding sogar von alleine weggleitet, sollte ich etwas dezenter anschieben. Ich stellte mich wieder an die Abschussstelle, schwang ein paarmal und ließ los. Nicht übel, ich kam dieses mal wenigstens bis etwas über die Hälfte meines geplanten Weges. Es dürfte passen, dachte ich, denn niemand lachte, ich sah nur in betroffene Gesichter. Sogar Geggi schüttelte den Kopf.

So, mit dem Material waren wir am Ende angekommen. Erwin, eines der etwas älteren Mitglieder, nahm sich dann meiner an und meinte nur, dass wir etwas an meinem Bewegungsablauf arbeiten sollten, sonst wird das nichts. Er war wirklich ein guter Trainer. Nachdem er mir Schritt für Schritt den Ablauf zeigte und mich ständig verbesserte, dauerte es nicht mehr lange, bis ich endlich mein Sportgerät für die Schützen ungefährlich aufsetzen konnte und sogar mein Ziel so ziemlich erreichte. Nach so drei Stunden brach ich das Projekt Stock schießen dann mal ab. Obwohl meiner Meinung nach diesen Sport nur alte gebrechliche Menschen ausüben sollten, bemerkte ich, dass mir mein ganzes Gestell weh tat. Danach tat ich, was ich am besten konnte, ich setzte mich vor die Vereinshütte, trank ein gemütliches Bierchen und verfolgte das weitere Treiben auf der Asphaltbahn. Ich war erschüttert, dass ich so einen Sport nicht wirklich auf die Reihe bekam.

Am nächsten Morgen, als ich aus dem Bett kroch, hatte ich einen Muskelkater, mir tat alles weh, obwohl ich eigentlich dachte, körperlich gut trainiert zu sein. Schon an diesem Tag besorgte ich mir von der Stockhütte den Schlüssel, lieh mir acht Asphaltstöcke aus und trainierte von diesem Tag an so fast jeden Tag ein paar Stunden auf der Bahn. Wie es scheint, hat sich das viele Training bezahlt gemacht, bis heute habe ich noch keinen Mitspieler oder Gegner mit einem Asphaltstock erschossen, das macht mich sehr stolz.

Eröffnung der neuen Polizeiburg

Ich weiß nicht, aber ich denke, ich dürfte ein dankbarer Zeitgenosse sein. Lag es daran, dass ich ein Vollblutbiker war oder eben einer von der Exekutive geküsster. Durch meine gesamte Jugend zog sich der Drang, Wohltäter für unsere Polizei zu sein.

Egal, wann, egal, wo, ich war so sympathisch, dass mir immer wieder ein Bulle freundlich winkte oder im schlimmsten Fall sogar kurz mal Licht machte, um meinen weiteren Weg zu finden. So kannte ich mit der Zeit bald viele Beamte in meiner Umgebung. Vorteil: viele neue Bekannte. Nachteil: Viele Bekannte kosteten natürlich auch viel Geld. Aber so war ich eben, immer was übrig für die Gemeinnützigkeit. Sogar in Kematen, als die Polizei ihr neues Domizil bekam und die Eröffnung mit der Bevölkerung feierte, ließ ich es mir nicht nehmen, hier auch beizuwohnen. Wir waren standesgemäß mit unseren Bikes vorgefahren und ich denke, die neuen Bewohner freuten sich, dass ihre Hauptsponsoren auch anwesend waren.

„Seht mal!“ sagte ich, „diese Vorhänge, die Schreibtische, die Kästen, das hab alles ich finanziert!“

Alles lachte!

„Normal müsste mein Bild da oben hängen als Hauptsponsor und ned der Bundespräsident!“

Der Postenkommandant grinste mich an und nickte beipflichtend. „Hast wirklich großen Anteil an unserer schönen neuen Inspektion, ohne dich wäre es wohl nicht so komfortabel geworden!“

Ja, ich bin wirklich ein Wohltäter! Bei Brötchen und ein paar Drinks zum Runterspülen unterhielten wir uns mit unseren Gesetzeshütern über unsere gemeinsame Vergangenheit. Wir hatten allgemein ein sehr gutes Verhältnis, denn damals gab's noch den Leitspruch „eine Hand wäscht die andere“ und daran hielten sich auch beide Seiten.

Ein paar Jahre zuvor war alles noch ganz anders. Wir Biker mit den Lederjacken und den abgefuckten Kutten waren immer ein rotes Tuch für die Exekutive. Rowdies, Raser, Schläger, also Gesetzlose, das war früher der Ruf aller jungen Motorradfahrer. Natürlich immer unbegründet, zumindest meistens.

Nie wieder Frauen

Ich war tiefenentspannt und genoss meine Tage. Zu dieser Zeit spielte ich Football und verbrachte sechs Tage die Woche ich im Fitnessstudio. Das Leben war geil!

Ich war schon längere Zeit Single und meine Trainings- und Bikerkollegen verstanden nicht, warum ich mich in diesem Zustand so wohlfühlte. Als wir eines Tages mal wieder mit dem Bike unterwegs waren, sagte Pepperl, einer meiner Kumpel, dass am Abend ein befreundetes Mädl eine Geburtstagsparty schmiss, wo er eingeladen war, aber allein nicht hinwollte. Also nervte er ewig, bis ich mich endlich überreden ließ mitzukommen.

Am Abend trafen wir uns noch mit Burzi, einem Trainingskollegen, und fuhren danach zu dieser Party. Als wir von den Mopeds abstiegen, hörten wir schon laute Musik und ein paar Stimmen, die sich im Dunkeln unterhielten. Plötzlich stieß mich Burzi und erklärte mir, dass da ein Mädl dabei wäre, um das ich mich unbedingt kümmern sollte. Na super, dachte ich, jetzt will mich der blöde Hund auch noch mit einer verkuppeln! Ich wollte dann auch schon wieder abhauen, aber weil er mich so arg nervte, blieb ich dann doch. Schau ma hald, was der Abend bringt, im schlimmsten Fall hau ich ab und sag, es war nix. Als wir zu der feiernden Menge stießen, sah ich auch einen Arbeitskollegen, der vom Alter her zwar nicht in die Menge passte, denn es handelte sich um den achtzehnten Geburtstag der Freundin seiner Tochter Daniela. Na wenigstens wird's lustig dachte ich, denn Fritz, so hieß der Kollege, war auch dem Spaße nicht abgeneigt. Wir gratulierten dem Geburtstagskind, setzten uns zu der feiernden Menge an die Feuerstelle und bekamen auch gleich ein Bierchen in die Hand gedrückt. „Guck mal, Opi", flüsterte Pepperl, „die da drüben wäre die Glückliche, um die du dich kümmern solltest!"

Ein Mädchen mit blondem schulterlangem Haar und Brille saß neben dem Geburtstagskind Rex und Daniela, der Hausherrin. Die drei dürften schon den ganzen Tag vorgefeiert haben, denn sie schienen schon ziemlich einen im Prinzessinenkrönchen zu haben. Naja, wenn's sein muss, dachte ich, dann beschäftige ich die Kleine eben mal ein bisschen. Nach ein paar Stündchen hatte ich dann auch schon genug und wir machten uns dann auf den Weg. Als wir unsere Mopeds aufsattelten, fragte Pepperl schon neugierig, wies war. Es war für mich schon Ok, aber ich war auch froh, wieder weg zu kommen.

„Morgen nach dem Mittagessen wollen wir die Mädls abholen und mit ihnen nach Lunz auf ein Eis fahren, du kommst doch mit, oder?"

Glücklich war ich nicht drüber, denn so vom Hocker riss mich das Blondchen auch nicht, dass ich sie nochmal sehen musste. Weil Pepperl eben mal wieder so sehr suderte, sagte ich doch zu. Danach fuhr ich noch zu Ossi in die Bar und schloss diesen Tag mit einem guten BC ab.

Am Sonntagmittag trafen wir Jungs uns wie ausgemacht wieder in Waidhofen und es kamen auch ein paar andere unserer Kumpels mit. Wir fuhren danach zu Daniela, von dort gings dann weiter zu Hermi, die mir letzte Nacht aufs Auge gedrückt wurde und die jetzt bei mir am Sozius Platz nehmen sollte. Als wir bei ihr ankamen öffnete sie uns, von da an, war mir wieder klar, warum ich mich eigentlich in nächster Zeit nicht mehr mit einem weiblichen Geschöpf einlassen wollte. Sie grandelte und zickte herum und wollte auch nicht mitkommen. Typisch Blondchen, dachte ich. Nach einigem Hin und Her reichte es Daniela und keifend brachte sie ihr bei, dass wir sie in so einem Zustand sowieso nicht dabeihaben wollten. Mann, war ich froh, dass Hermi dann doch nicht mitfuhr, da konnte ich den Tag ja doch noch genießen.

„Jetzt holen wir noch Rex ab!“, sagte Daniela. „Dann können wir endlich die Ausfahrt beginnen!“

Mir war ab dem Zeitpunkt alles wurscht, Hauptsache, ich hab meinen Sozius frei und musste Bello nicht mitnehmen. Wir holten Danis Freundin Rex noch und dann gings ab, dem schönen Lunzersee entgegen. Nach der üblichen Piratenschlacht am See, wo wieder fast ein Tretboot versenkt wurde, war uns noch ein Eis vergönnt, dann wollten wir wieder nach Hause. Als wir bei den Bikes ankamen, stand plötzlich Rex vor mir, sie lächelte mich an und fragte, ob sie nicht mit mir mitfahren könne, denn auf Hansis Pressbock war‘s auf dem Sozius nicht so bequem wie bei mir auf dem Chopper. Ich zwinkerte ihr zu und schenkte ihr ein Lächeln. Rex strahlte mich mit ihren großen braunen Augen an, schwang sich hinter mir auf den Bock und kuschelte sich auch schon an mich. Im Geiste gab ich ihr recht, bei mir ist es eben bequemer. Während der Fahrt spürte ich am Rücken ihre Wärme und ihr zartes Festhalten. Ich spürte aber auch so eine Energie, die ich noch nie bei Mitfahrenden verspürt hatte, doch ich konnte das zu dieser Zeit noch nicht einordnen. In Waidhofens bester Eisdiele schlemmten wir noch einen riesigen Eisbecher und danach gings noch in die Hundsmühle auf einen Abschlusssaft. Es war noch ein lustiger Ausklang dieses Tages, wir unterhielten uns alle gut. Mit meiner Beifahrerin Rex verstand ich mich auch sehr gut, sie war eher ein ruhiges liebes Mädel. Nach außen eher ein Grufti, mit schwarzen Fingernägeln, einer wilden schwarzen Mähne und einer weißen Tigerhose. Irgendwie passte das Äußere nicht zum Inneren. Sie war wirklich ein liebes, stilles Mädchen und passte ja normal gar nicht in mein Beuteschema, doch irgendetwas zog mich zu ihr hin. Es machte sich ein für mich unbekanntes Gefühl breit in meiner Brust. Würde ich jetzt einen Schnulzenroman schreiben, würde hier stehen, dass ich Schmetterlinge flattern spürte. Wir beide kamen uns langsam näher und verstanden uns immer besser. Als es dann schon ziemlich spät war, machten wir uns langsam auf den Heimweg. Rex kuschelte sich auf der Fahrt nach Haus immer fester an mich und bei mir wurde das Kribbeln immer heftiger. Bei ihr zu Hause angekommen stellte ich mein Moped ab und wir wollten uns nur noch verabschieden. Als wir uns zum Abschied dann noch küssten, war es dann auch schon geschehen. Rex lächelte mich dabei an und fragte mich, ob ich noch auf ein Tässchen Kaffee mitkommen würde. Ich war schnell zu überreden, obwohl ich eigentlich von der Frauenwelt geheilt war, doch ihr Wesen faszinierte mich. Sie war so ganz anders als die anderen, mit denen ich in meinem Leben zu tun hatte. Wir genossen noch eine ganze Weile den Kaffee und konnten von da an die Finger nicht mehr voneinander lassen. Nach einer wirklich schönen, aber sehr kurzen Nacht, musste ich aber leider an meinen Job denken. Ich hatte Frühschicht und es war schon etwas knapp, um nicht zu spät zu kommen. Rex und ich machten uns noch ein Date fürs nächste Wochenende aus und dann, nach einem letzten Abschlussküsschen, machte ich mich auf den Weg zur Arbeit.

Obwohl ich ziemlich müde war, musste ich den ganzen Vormittag an Rex denken. Sie hatte mir mit ihrer Art und ihrem Wesen total den Kopf verdreht.

Ich konnte es kaum mehr erwarten, sie wiederzusehen und in den Arm zu nehmen.

Der erste Kontakt

Ich konnte es kaum erwarten, dass endlich Freitagabend war. Ich durfte endlich Rex wiedersehen, um sie am Wochenende in meine Sommerresidenz, die ich mit meinem Kumpel Chris bewohnte, zu entführen. Als ich die Auffahrt zum Haus meiner neuen Flamme hochgetuckert war, mein Moped vor der Haustür parkte und auf Rex wartete, steckte ich mir eine entspannte Tschick ins Gesicht und genoss den lauen Abend. Es dauerte nicht lange und Rex kam strahlend aus der Haustür. Nach einem nervösen Küsschen musste sie mir noch kurz eine Nachricht überbringen, die mich etwas unruhig werden ließ. Die Eltern von Rex wollten mich unbedingt noch sehen, bevor ich mit ihrem Küken das geschützte Land verlasse. Ich war da eher skeptisch, dass sie nach meinem Anblick ihr Nesthäkchen noch mit mir abrauschen lassen würden. Ich dachte eher, dass sie die Polizei rufen würden, wenn sie mich erblicken würden. Ich denke, sie stellten sich eher einen normalen Freund für ihre Tochter vor.

Damals entsprach ich so einem Bild bei weitem nicht. Langhaarig, Dreitagebart, einen langen Ledermantel, darüber meine heilige Kutte mit hunderten Nieten und Patches befreundeter MCs, Springerstiefel und mein Schlachtmesser, das aus dem Stiefel herausragte. Wer freut sich da nicht über so einen Anblick, wenn gerade dieser Typ ihr kleines Mädchen abholt. Aber nützt nichts, wenn ich Rex mitnehmen will, muss ich mich vorstellen und mich in die Höhle der Löwen begeben.

Rex ging vor und ich folgte ihr in die Stube, wo ich schon erwartet wurde.

Am Tisch saßen ihre Eltern, Brüder, Schwestern und Schwägerinnen, ja eben eine Großfamilie, die den Neuen mal kennenlernen wollten. An ihren Gesichtern stellte ich fest, dass so was wie ich hier eher nicht erwartet wurde. Rex stellte mich ihnen vor, und während ich ihnen freundlich grüßend entgegengrinste, legte sich auch schon der erste Schock. Viel Zeit zum Smalltalk blieb nicht, denn schon nach ein paar Augenblicken wurde ich schon wieder zur Tür hinausgezogen. Ich denke, Rex wollte ihre Familie nicht unnötig mit meiner Anwesenheit erschrecken. Während ich draußen an meinem Bike gelehnt warten durfte, packte sie noch ein paar Sachen fürs Wochenende. Noch bevor wir abdampfen konnten, wurde Rex noch von ihrer Mutter heimlich unterwiesen: „Und wenn er dir was tun will, rufst sofort an und wir holen dich ab!"

Ich denke, Muttern war etwas in Sorge, dass sie ihr Töchterchen vielleicht nie wiedersehen könnte. Nachdem endlich alle Klarheiten beseitigt waren, konnten wir in meine Sommerresidenz abtuckern. Im Rückspiegel sah ich noch ihre Mutter, die uns sorgenvoll nachwinkte. Naja, lief ja nicht schlecht, der erste Kontakt, zumindest gab es keine Verletzten.

Warum nur?

Es war mal ein wunderbarer Frühsommer. Die Urlaubszeit kam und auch der vereinbarte Motorradtrip nach Jugoslawien und Südtirol kam näher. Stoff war der Organisator und es hatten sich schon einige angemeldet, um zusammen einige Tage auf der Piste zu verbringen. Doch nach und nach sprang einer nach dem anderen aus unterschiedlichen Gründen ab. Am Ende wäre der Urlaub fast ins Wasser gefallen und Stoff hätte allein fahren müssen. Doch Tom meinte, wenn er sein Heu fertig eingefahren hätte, würde er mitkommen. Am vereinbarten Tag fuhren die beiden also alleine weg und wir anderen blieben zu Hause.

An einem sonnigen, heißen Tag, es war der späte Nachmittag des 29.06.1994, waren wir auf der Asphaltsportanlage und trainierten. Wir witzelten herum und neckten uns gegenseitig, wenn wir wieder mal einen scheiß Schuss machten. Alles war wie immer, doch plötzlich wurden wir unverhofft aus unserer Spaßwelt gerissen. Erwin, unser Obmann, kam mit gesenktem Haupte zu uns und überbrachte eine ganz schlimme unfassbare Nachricht. „Ich hab gerade einen Anruf von Stoff bekommen, Tom hatte in Jugoslawien einen schweren Motorradunfall, den er leider nicht überlebte."

Wir sahen uns bestürzt an und wollten oder konnten es nicht glauben. Es war so unwirklich, wir saßen auf der Vereinshaustreppe und waren fassungslos. Tom einen Motorradunfall? Das war unmöglich, denn er war immer eher ein vorsichtiger, vorausschauender Biker. Nein, niemand konnte es glauben, dass so etwas geschehen sein konnte, das musste ein Irrtum sein. Gewissheit hatten wir erst, als

Toms Schwestern uns auch nochmal die Nachricht überbrachten. Trotzdem, wir dachten immer noch, dass Tom auf einmal grinsend vor uns stehen und mit uns ein Bierchen zwicken würde.

Zwei Tage später kam Stoff total geknickt, fertig und mit geröteten Augen auf die Asphaltanlage und erzählte uns, wie sich alles zugetragen hatte. Einige Tage später war die Trauerfeier in Allhartsberg, die wir alle geschlossen besuchten, um uns von unserem Kumpel Tom zu verabschieden. Die Kirche platzte fast aus allen Nähten und bei der anschließenden Beisetzung waren Menschenmassen dabei wie bei einem Staatsbegräbnis. Tom war eben ein äußerst beliebter Mensch gewesen. Unmengen von Freunden, Kollegen, Fußballern und Nachbarn wollten sich von ihm verabschieden. Am schlimmsten für mich war nicht nur, einen guten Freund verloren zu haben, sondern auch beim Kondolieren in die Gesichter seiner Familie zu blicken. Seine Eltern, seine Schwestern, alle waren fassungslos und vom Verlust ihres liebsten Sohnes und Bruder gezeichnet. Es war ein schwerer Moment für uns alle, denn seine Familie und wir vom MC 8 ½ waren schon lange Zeit sehr gut befreundet und hatten immer guten und engen Kontakt.

Wir dachten und denken auch jetzt noch oft an unseren Kumpel Tom, der doch für uns alle eine riesige Lücke hinterlassen hat. Sein Charme, sein Witz, seine Hilfsbereitschaft, einfach alles an ihm vermissen wir. Hier bewahrheitet es sich wieder, Legenden leben ewig in unseren Köpfen weiter. Die Gedanken an sie und das Erlebte mit ihnen stirbt nie.

Pssst, nicht verraten!!

Es war Donnerstagabend, wie üblich hatten wir unseren Motorradstammtisch am „Hanslberg“. Es war ein gemütlicher Abend, es wurde gezockt, Tischfußball gespielt und wie an so manchen Abenden habe ich wieder mal Geschichten aus den guten alten Zeiten ausgegraben. Auch an diesem Tag war es wieder so, dass ich vor lauter in Erinnerungen schwelgen total die Zeit vergas. Als ich mal wieder die Uhrzeit erblickte beendete ich abrupt meine Geschichten und machte mich auf den Heimweg. Es war zwar erst 23 Uhr abends aber ich hatte am nächsten Morgen um vier Uhr Tagwache und ich brauchte damals noch meinen Schönheitsschlaf.

Ich startete meine Chopper und machte mich eiligst auf den Weg nach Hause. Damals, ich wohnte noch in Seitenstetten, fuhr ich etwas deftiger Richtung „Wieser Höhe“. Gedankenverloren glühte ich so dahin, bis ich auf einmal von einem grellen Lichtschein aus meinen Gedanken geholt wurde. Nein, es war nicht das Licht, in das ich nicht gehen sollte, sondern der Blitz einer mobilen Radarkamera in deren Auge ich nicht fahren sollte. Als sich meine Augen vom grellen Blitz wieder erholt hatten, blickte ich sofort auf meinen Tacho und bemerkte: scheiße, wieder zu schnell!! Ich bremste bei der Kapelle zirka 200 Meter nach dem gleißenden Licht entfernt mein feuriges Ross ein und schon schossen die nächsten Gedanken durch meinen Kopf. Weiterfahren: Anzeige, also teuer. Oder umdrehen und das schlimmste verhindern! Natürlich kam da nur umdrehen in Frage. Ich kehrte um und parkte mein Moped hinter dem Fahrzeug, wo das grelle Licht herkam. Als ich meinen Helm vom Kopf nahm, stieg der Beifahrer aus dem Auto und kam zu mir geschlendert. „Habe de Ehre, Herr Inspektor, habt's mi leicht fotografiert?" Der Beamte nickte. „Und? wie schnell war ich?"

„Was denken Sie, wie schnell Sie waren?", entgegnete er mir. Ich erklärte ihm, wenn mich mein Tacho nicht sehr betrügen würde, gehe ich so von 120-125 km/h aus.

„Geht nicht schlecht", sagte er, „es waren genau 123 km/h, doch etwas schneller als die Erlaubten 70!"

„Wie sieht's aus, kann ich die Strafe gleich bezahlen? Ich hab's nicht so dicke und ich weiß, dass es übers Amt teurer wird."

Der Sheriff schüttelte den Kopf und meinte, dass sie das nicht in bar einheben durften. „Ach, drücken Sie doch mal ein Auge zu, ich wäre Ihnen dafür schwer verbunden!"

Er sah mich an und meinte, dass er mal seinen Kollegen fragen würde, was der meint, und schon stapfte er zum Wagen, lehnte sich ans Beifahrerfenster und schon wurde diskutiert. Inzwischen rauchte ich mir mal eine an, weil ich dachte, dass dies eine eher längere Geschichte werden würde. Nach kurzer Zeit kam er mit hängendem Kopf wieder auf mich zu. „Und, was spricht der Kollege?"

Bedrückt sah er mich an und sagte: „Sie wissen, dass Sie mit dem Motorrad unterwegs sind?" Ich nickte. „Sie wissen, dass wir sie von vorne geblitzt haben und bekanntlich Motorräder vorne kein Kennzeichen haben!"

Ich nickte und konnte mir mein Grinsen fast nicht mehr verkneifen. „Wir haben von Ihnen kein Kennzeichen und wenn Sie weitergefahren wären, hätten wir gar nix von Ihnen!"

„Ja, das ist ein Problem“, bemerkte ich, „was machen wir da nur?“

Er meinte, weil er noch nie erlebt hatte, das einer zurück kam, um zu fragen, wie schnell er war, lassen sie es diesmal gut sein. Und im Nachsatz fügte er noch hinzu, dass ich dies nie jemandem erzählen dürfe. Ich versprach es ihm. Gemeinsam rauchten wir noch eine Friedenstschik, fachsimpelten über's Biken und lachten noch über drei Autofahrer, die auch ins Blitzlicht rasten.

Der Pizzaberg ruft

Ich erinnere mich immer gerne an unseren Zweitagestrip auf den höchsten Berg Österreichs, den Großglockner. Es war ja auch schon fast Tradition. Jedes Jahr in der zweiten Juliwoche trafen wir uns und machten uns auf den Weg zum heiligen Berg. Immer so gegen halb acht fuhren wir aus dem Ybbstal, natürlich mit fast strahlendem Sonnenschein. Ich sah auf den Himmel, es war leicht bewölkt und nur über uns war ein kleiner blauer Fleck. Spaßeshalber meinte ich, dass wir heute unseren eigenen blauen Himmel haben, und dem werden wir folgen. Ich hatte ja keine Lust, nass zu werden. Wie ich es voraussagte, folgte uns der wolkenlose Flecken, egal, wo wir abbogen oder stehen blieben. Bei Stein an der Enns machten wir Einkehr zum Frühstück und sogar der blaue Fleck am Himmel hielt in dieser Zeit inne und es sah aus, als ob er auf uns warten würde. Wir saßen im Gastgarten, bei herrlichem warmem Wetter und genossen unseren Kaffee. Danach gings über den Sölkpass und die Turracher Höhe bis an den Millstättersee, wo wir in Dellach, direkt am See, zu Mittag aßen. Es war immer noch der blaue Fleck am Himmel, der, wie es schien, ohne uns nicht weiterziehen wollte. Nach einem üppigen Mittagsmahl brachen wir zu unserer letzten Etappe auf. Als wir so in der Gegend von Winklern waren, schien es, als ob uns der blaue Fleck am Himmel verlassen würde. Es begann zu regnen und ich dachte schon daran anzuhalten und in die Regenkombi zu schlüpfen. Ich kannte eine breite Brücke, wo wir uns unterstellen konnten, um uns umzudirndeln, doch als wir da ankamen, stand dort schon ein Rudel anderer Motorradfahrer, die hatten dieselbe Idee.

Der Regen wurde inzwischen schon stark, doch wir fuhren weiter und hofften, einen anderen Unterstand zu finden. Doch siehe da, so an die dreihundert Meter nach dieser Brücke wartete unser Sonnenfenster wieder auf uns und die Straße war wieder trocken. Wie fast mit dem Lineal gezogen war die Grenze zwischen nasser und trockener Straße. Natürlich, so behauptete ich später, wusste ich, dass wir wieder trockenes Wetter bekamen, darum hielt ich ja auch nicht an, um das Regendress anzuziehen. Unser blauer Flecken begleitete uns dann auch weiter bis an unser Tagesziel Aichhorn, wo wir unseren Wigwam bezogen. Es war eine kleine Privatpension, zuckersüß alt und an einem kleinen Wildbach gelegen. Wir wurden begrüßt, als ob wir gute alte Freunde wären, die Vermieter waren eine wirklich nette Familie, da fühlten wir uns sofort wohl. Noch bevor wir absattelten, zeigte der Hausherr auf das angrenzende Geschäft.

„Wenn ihr was braucht, sagt es nur, wir können es jederzeit von unserem Geschäft holen!"

Das war ein Luxus, wir hatten alles, was wir brauchten, und mussten nur noch unseren Kram aufs Zimmer bringen. Leider war ein Zimmer zu wenig und Hasi musste bei Rex und mir pennen. Egal, Platz hatten wir und ein bisschen schnarchen hatte ja noch nie gestört. Unser Zimmer war richtig urig eingerichtet und wir hatten sogar einen Balkon. Rex wollte mit Hasi gleich mal eine Genüssliche rauchen und dazu auf den Balkon gehen. Als die beiden raus traten, knarrte und ächzte der Holzbalkon unter ihrer Last und die beiden bekamen es dabei mit der Angst zu tun. Anstatt es sich gemütlich zu machen, standen sie knapp an der Mauer und hofften. nicht abzustürzen. Sie wären ja nicht so hart gelandet, denn direkt unter dem Balkon war das Bachbett des Wildbachs, der tosend vorbeischoss. Richtig romantisch, meinte ich und strahlte übers ganze Gesicht. Als wir uns etwas frisch gemacht hatten, wollten wir noch kurz ins 14 km entfernt gelegene Heiligenblut Pizzaessen fahren. Schnell war eine ordentliche Pizzeria gefunden und wir freuten uns schon auf einen gscheiden Katzlmochafladen. Ich staunte nicht schlecht, als ich meine Pizza erblickte. Es sah aus, als hätte ich eine Familienpizza bestellt, so groß war das Ding. Als ich aufgegessen hatte und der Wirt mit den Worten „Hat‘s geschmeckt?“ abservieren wollte, kam natürlich meine obligate Antwort: „Guad woas ned, owa dafür wenig!“

Der Wirt sah mich bestürzt an und fragte mich, ob die Pizza zu klein war für meinen Hunger. Ich grinste und meinte nur, dass ich eine zweite noch locker vertragen könnte. Der Wirt staunte nicht schlecht, denn seine Pizzen waren wirklich riesig. Nachdem ich auch die zweite verdrückt hatte, kam der Chef wieder abservieren und fragte, ob ich wenigstens jetzt gesättigt wäre. Ich sah ihn an und meinte nur, dass sicher noch was gehen würde. Da lachte er und sagte: „Wenn du noch eine isst, dann schenke ich dir diese!“

Das ließ ich mir nicht zweimal sagen, ich war zwar schon voll bis zum Rand, aber so ein Angebot ließ ich mir nicht entgehen. Der Wirt blieb neben mir stehen, während ich die dritte Pizza erledigte, und war fasziniert, wie ein Mensch so viel futtern konnte. Mich zerriss es schon fast und meine Begleiter konnten sich das Lachen kaum mehr verbeißen. Als ich die letzten Reste schluckte, lehnte ich mich zufrieden zurück und hatte ein geschwächtes Lächeln im Gesicht. Als der Wirt mich fragte, ob ich nun endlich genug hätte, meinte ich nur, dass ich nun zufrieden wäre, das Hungergefühl sei weg und außerdem, wie sähe das aus, wenn ich noch eine vierte essen würde. Es war noch ein spaßiger Aufenthalt in der Pizzeria, der Einzige der etwas angespannt wirkte war der Knopf, der meine Jeans zusammenhielt. Zurück in der Unterkunft trafen wir noch unsere Vermieter, die einen gemütlichen Grillabend hatten und uns noch auf ein Gutenachtbierchen einluden. Nach so einem anstrengenden Tag war dann aber auch mal Schluss und die meisten von uns gingen ins Bett, damit wir am Morgen fit für unsere Königsetappe auf den Glockner sein würden.

Natürlich konnte ich nicht so schnell einschlafen, denn meine drei Pizzen begannen miteinander zu streiten und, wie es sich anfühlte, auch zu kämpfen. Als ich so da lag, hörte ich durch das offene Fenster auch noch den Wildbach rauschen, der zwar beruhigend wirkte, aber doch dazu animierte, doch noch mal auf den Topf zu starten. Als ich dann endlich schwere Augen bekam und einschlafen wollte, fing Hasi nebenan leicht an zu grunzen. Was hatte ich nur verbrochen, dass ich keinen Schlaf fand? Doch die Müdigkeit übermannte mich dann doch und ich schlief ein.

Am nächsten Morgen gings dann gegen sieben zum Frühstück, denn wir wollten so früh wie möglich auf der Franz-Josef-Höhe sein, um den wunderbaren Sonnenaufgang zu genießen und den Besuchermassen aus dem Weg zu gehen. Gegen acht Uhr, nach einem üppigen Frühstücksbuffet, starteten wir unsere Bergetappe. Ein toller Tag am Berg erwartete uns. Kaiserwetter an der Pasterze und auch auf der Edelweißspitze, mit einer Aussicht, fast um den ganzen Erdball.

Segeln in alten Gewässern

Ich war zu dieser Zeit schon einige Wochen lang weit weg von meiner alten Wirkungsstätte. Meinen erweiterten Umkreis hatte ich schon nach neuen Lokalitäten abgegrast, aber es war alles nichts gegen meine alte Heimat. Nach einiger Zeit zog es mich zum Abschluss meiner Tourneen wieder auf einen Absacker in Ossis Bar. Wie es schien, hatte sich die letzten Monate viel verändert. Keiner meiner damaligen Brüder war mehr unterwegs, dafür viele, die ich nicht mal kannte. Sogar die Kellnerin war mir noch unbekannt. Hauptsache, die Hochleistungsdrangler waren noch da, also suchte ich mir immer einen Platz an einem kleinen Tisch oder an der Bar, wo ich allein sein konnte. Aber noch etwas war passiert! Ich kam meist so gegen drei Uhr früh in die Bar und bestellte immer meinen Abschlusskaffee. Manchmal kam ich nicht mal dazu, wenigstens einmal davon zu kosten, da flog meine Tasse schon im hohen Bogen davon. Ich war es nicht mehr gewohnt, dass hier in der Bar noch die Fäuste flogen. Ich konnte das nie mitansehen, erstens wollte ich ja nur meine Schale Kaffee in Ruhe trinken und dabei Musik aus der Dose hören und zweitens war ich immer ein Feind von Schlägereien gewesen. Kaum war meine Kaffeeschale am Boden gelandet, musste ich mir schon die Kampfhähne schnappen und ein paar schlichtende Worte sprechen. Meist half dies auch und ich konnte wie gewohnt meinen Kaffee schlürfen. Doch neu war auch, die neue Kellnerin schnappte sich nach kleineren Fetzereien schon den Hörer und rief gleich mal nach den Bullen. Als ich wieder im Lande war, kamen sie dafür meist umsonst. Meist half ja meine zärtliche Stimme, um die Tumulte einzudämmen, aber ab und zu musste ich auch Hand anlegen, weil es doch manchmal auch Unbelehrbare gab. Es war auch nur einmal, wo ich mit einem Gast die Treppe nach oben aufwischen musste, denn dieser wollte einfach nicht glauben, dass ich es ernst meinte, als ich meinte, dass ich hier meinen Kaffee in Ruhe trinken wolle. Also wurde er vor dem Eingang in den Blumentrog geschmissen und unmissverständlich drauf hingewiesen, sich während meiner Anwesenheit nicht mehr sehen zu lassen. Schön, dass sich manche Menschen auch an das gesprochene Wort halten.

Freilandsheriff

Es war ein schöner Sommertag, an dem wieder mal eine kleine Ausfahrt mit Rex anstand. Es war nicht viel Zeit, aber die nützten wir immer wieder gerne, um wenigstens ein Stück weit unsere Köpfe von Dummheiten des Alltags zu befreien und um mal anständig durchlüften zu lassen. An diesem Tag nahmen wir uns mal das Erlauftal vor. Wir fuhren über Neuhofen, Euratsfeld und Ferschnitz in Richtung Steinakirchen. Wir waren nicht besonders schnell unterwegs, denn wenn ich Rex am Sozius mithatte, war ich immer eher vorsichtig unterwegs. Als wir einen Hügel hochglühten und vor mir eine lang gezogene Kurvenkombi lag, schraubte ich ein bisschen am Gasgriff, damit ich hier die große Lust der Schräglagen voll aufnehmen konnte. Ach, war sie schön, die erste lang gezogene Linkskurve der Kombi, ich spürte, wie die Fußraste sanft über den Asphalt strich und meine Glücksgefühle mir ein Lächeln ins Gesicht zauberten. Die darauffolgende Rechtskurve ließ mich kurz meinen Gasgriff etwas zurückzudrehen. Am Ende der Kurve, die so in dreihundert Metern in ein Waldstück einbog, stachen mir zwei Fahrzeuge am Straßenrand ins Auge, ein Kombi und ein Motorrad. Ich verringerte mal kurz meine Geschwindigkeit und dachte: Scheiße! Bullen!! Dann dachte ich, nein, kann nicht sein, was würden die denn da mitten in der Landschaft machen? Während mir diese Gedanken durch den Kopf huschten, gab ich wieder Gas und genoss die restliche Kurve, bis dann am Ende ein netter Mensch auf die Fahrbahn trat und freundlich winkte. Tja, mein erstes Gefühl täuschte mich nicht, es waren ein Polizeitaxi und eine weiße Maus am Straßenrand. Der nette

Beamte mit Helm wies mich an den Fahrbahnrand und kam auch gleich auf mich zu mit den netten Worten: „Fahrzeugkontrolle, Führerschein, Zulassungsschein!“

Ich übergab sie ihm artig mit einem Lächeln und war innerlich schon wieder etwas angebissen, denn es würde wieder unnötige Kosten verursachen. Ist ja immer dasselbe, Dienstleister am Straßenrand sind immer mit höheren Kosten verbunden. Manche bringen im Gegenzug hervorragende Leistungen und andere füllen nur eine Quittung aus und kassieren nur für ihre Anwesenheit. Also, während der nette Beamte meine Papiere studierte, fragte er mich, warum ich es den so eilig hätte. Ich grinste ihn an und meinte nur: „Eilig hab ich‘s, wenn ich in dieser Kurve 200 fahren würde, aber doch nicht mit 130, ist doch normale Reisegeschwindigkeit!“

„Wissen Sie, hier war vor kurzem ein schwerer Motorradunfall mit einem Toten!“, sagte der Beamte. „Wir wollen nur für Ihre Sicherheit sorgen!“

„Schau i so aus, als ob i mi da irgendwo in die Botanik schmeißen würde? I fahr scho so lang Motorrad, da weiß i scho, was i mach!“, belehrte ich den Bullen.

Er nickte und meinte nur, dass das vor mir schon viele dachten. „I bin ned viele, i bin a ned wie alle, i pass scho ohne Organstrafmandat auf mi auf!“

Er wollte sich, wie es schien, nicht auf eine Diskussion mit mir einlassen und lenkte unsere weitere Konversation in eine ganz andere Richtung: „Verbandskasten ham ma mit?“

Ich sah ihn an, grinste und bemerkte: „Der letzte Kollege, der mi drum fragte und ich ihm es zeigte, lachte mich aus. Also sag i mal, i hab heut keins mit.“

Er lachte und gab mir meine Papiere wieder zurück, kramte seinen Strafzettelblock heraus und rechnete mir vor: „Also, wir hätten da mal eine Geschwindigkeitsübertretung und keinen Verbandskasten, dass macht 500 Schilling!"

„Nana!", meinte ich. „Erstens san ma do im Freiland, da ham ma a größere Toleranz und zweitens habts ihr da ja gar nix verloren. Wenn i gwusst hätt, dass unser Exekutive im Wald a scho an Picknick macht, wär i scho vü langsamer ums Eck gekommen! I denk, für so an netten Zeitgenossen wia mi reichen a Dreihunderter!"

Der Polizist lachte und meinte nur, dass er mit dem Handel einverstanden sei, und gleichzeitig wandte er sich an Rex und sagte: „Und Sie würde ich bitten, wenn Ihr Mann nochmal so schnell fährt, hauns eam ane aufm Helm!"

Wir lachten noch, nahmen unser neuestes Ticket in Empfang, verabschiedeten uns wieder und glühten weiter unseres Weges.

Saisonauftakt der Bikerherde

Der 01. Mai war schon ein Muss der Ochtahoiwa, die erste gemeinsame Ausfahrt des Clubs. Als es dann mit dem Club zu Ende ging, war auch die Tradition der Maiausfahrt Geschichte. Die meisten von uns freuten sich aber immer auf diesen Jahresauftakt. Also beschloss ich, die Tradition weiterzuführen und mit ein paar Gleichgesinnten die Reise nach Mariazell anzutreten. Ich machte bei meinen Bekannten Werbung für diese Ausfahrt und siehe da, gleich beim ersten Antreten kamen schon achtundvierzig Biker mit mir. Die Runde starteten wir wie auch schon zu Clubzeiten vom Brandi in Hiesbach. Fast pünktlich um neun Uhr morgens trafen wir uns bei meinem Lieblingswirten und nach einer kurzen Begrüßung meinerseits starteten wir auch schon.

Über Randegg, Gresten und Gaming gings auch schon auf den Grubberg, wo wir unsere erste Rauchpause einlegten.

Danach führte uns der Pfad über den Zellerrain und dem Erlaufsee nach Mariazell, wo wir unsere Rumpeln am Busparkplatz in der Unterstadt abstellten. Es war da für unser Rudel ausreichend Platz. Hier wurde dann von mir das weitere Vorgehen verkündet. Mein Ziel war es, in Gusswerk, wo ich fürs Rudel die Fütterung geordert hatte, die Hälfte mal zur Äsung hinzuschicken und die andere Hälfte sollte inzwischen mal die Stadt unsicher machen. Nach einer Stunde sollte dann ein fließender Wechsel vollzogen werden und nach insgesamt zwei Stunden sollten wir dann ab Gusswerk zur zweiten Etappe aufbrechen. Man sollte es kaum für möglich halten, aber mein Rudel war pünktlich bereit zur Abfahrt angetreten. Ich hatte zwar immer schon Vertrauen zum Zweiradvolk, aber so pünktlich, da war sogar ich überrascht. Unsere Fahrt führte uns weiter über Wildalpen bis zur Hochkar-Mautstelle, wo es wieder Zeit war, unseren Suchtmittelkonsum zu befriedigen. Weiter gings dann über Göstling, St. Georgen, bis auf die Kripp, wo es dann mit Schwung über Opponitz, Waidhofen und Kematen wieder nach Hiesbach zum Brandi unserem Ziel ging. Dort angekommen wurde noch mal über die Runde diskutiert. Die Resonanz war durchwegs positiv und die ersten Stimmen wurden laut, ob wir so eine Ausfahrt nicht öfter machen könnten. Manche meinten, dass ich sowas doch öfter im Jahr mal machen sollte, doch da wehrte ich mich gegen. Die 1. Maiausfahrt sollte etwas Besonderes sein und meiner Meinung nach würden sicher niemals mehr solche Mengen an Bikern zusammenkommen, weil es ja nix Besonderes mehr wäre. Ich versprach ihnen mal drüber nachzudenken und ich würde mich bestimmt früh genug mit einer Entscheidung melden. Diesen geglückten Tag, wo ich alle gesund und unfallfrei wieder nach Hause gebracht hatte und für den Ablauf eher positive Rückmeldungen erhalten hatte, ließ ich mit den verbliebenen Bikern am späten Abend ausklingen. Schon nach einer Nacht drüber schlafen wusste ich, dass ich so eine Ausfahrt wiederholen sollte.

Mein Ziel war es von da an jedes Jahr am 1. Mai die Eröffnungsausfahrt der Saison zu starten. Ich erreichte meine hochgesteckten Ziele selten, doch dieses schaffte ich die folgenden neunzehn Jahre. Im zweiten Jahr waren es schon zweiundneunzig Biker die mich nach Mariazell begleiteten. Alles lief glatt wie im Vorjahr bis auf eine Kleinigkeit. Wir waren wie immer auf dem Busparkplatz in Mariazell angekommen, ich hatte gerade meine weiteren Tagesbefehle ausgegeben und alle entweder in die Stadt zum Sightseeing oder nach Gusswerk zum Essen geschickt. Ausgerechnet an diesem Tag ist die Mehrheit zu Fuß in die Stadt gegangen und übrig blieben zwei Kumpels von mir und natürlich ich. Wir rauchten gerade eine Genüssliche, als auf einmal ein Mann im guten Zwirn auf uns zukam. Es war ein Vertreter aus der Stadtverwaltung, der ganz aufgeregt war.

„Ihr könnts da ned stehen bleiben, es kommen in der nächsten halben Stunde siebzehn Busse aus Ungarn mit Pilgern, die ihren Bischof abholen, der bei uns begraben war."

„Na super", sagte ich, „wie sollen wir jetzt den Haufen Bikes wegbefördern?"

„Is mir egal, aber sie müssen weg!", meinte dieser. Und kaum hatte er ausgesprochen, bogen auch schon die ersten Busse auf den Parkplatz. Toll, zu dritt begannen wir die Motorräder hin und her zu schieben, dass sie so wenig Platz wie möglich einnahmen. Langsam machte sich Schweiß auf der Stirn bemerkbar, denn es gab auch einige gewissenhafte Biker, die ihr Moped auch noch absperrten. Na, das war ein Gezerre!!

Als sich der meiste Stress dann gelegt hatte, kam auf einmal einer nach dem anderen daher und alle waren verwundert, weil ihre Mopeds an einem anderen Standort verweilten.

Natürlich hatten wir auch kleine Erlebnisse mit der Exekutive, war auch immer sehr interessant. Einmal, wir waren so an die 170 Motorräder und ich führte mein Rudel in Richtung Gaming, als ich in einer Kurve einen grünen Mann in Uniform erblickte. Er hatte die Hände am Rücken verschränkt und beobachtete den Verkehr. Als er mich antuckern sah, machte er sich langsam auf den Weg nach vor, um direkt an den Straßenrand zu kommen. Es schien, als ob er mich gerne anhalten wollte. Kurz bevor er sein rechtes Händchen hob, bemerkte er, dass hinter mir noch ein Moped kam und noch eins und noch eins … als er bemerkte, dass dieser Anhalteversuch vielleicht doch nicht so eine gute Idee war, legte er seine Hände wieder auf den Rücken, machte ein paar Schritte wieder rückwärts und wartete gespannt, wie viele Mopeds denn noch kommen würden. Im Rückspiegel sah ich noch kurz, wie er im Geiste noch mitzählte, wie viele da noch kommen würden. An einer anderen Stelle, nämlich in der Ortsdurchfahrt von Wildalpen, wollte sich ein anderer Beamter unseren Tross genauer ansehen. Er stand nach einem Hügel und als er mich sah, hob er schon sein Ärmchen und wollte, dass ich auf seiner Höhe anhalte. Natürlich hielt ich sofort an, fragte nach seinem Begehr und meinte nur, dass diese Stelle etwas unvorteilhaft war, uns anzuhalten. Warum, das sah er, als ein Biker nach dem anderen anhielt und unser Gesetzestreuer ganz plötzlich mit der Situation überfordert war. Nach so zirka 30 Sekunden sah es hier aus, als ob da eine Verkaufshalle für Motorräder wäre. Hinter dem Hügel hörte ich schon die ersten, die sich mit einem kleinen Hupkonzert bemerkbar machten und rund um mich kam der Verkehr auch langsam zu erliegen. Es kamen viele nach vor und versperrten sogar für den Gegenverkehr die Durchfahrt. Endlich hatte unser Sheriff dann auch ein Einsehen und meinte, dass ich ganz schnell weiterfahren sollte, bevor gar nix mehr ginge. Nichts lieber als das, dachte ich, denn ich wusste, dass einige in der Menge schon ein Bierchen zum Essen gezwickt hatten und andere eher ein verkehrsuntaugliches Gerät unterm Hintern hatten. Nach einigen Augenblicken hatte sich das Gewühl in Wildalpen wieder aufgelöst und der Bulle dürfte sich auch wieder etwas entspannt haben.

Lustig waren bei diesen Ausfahrten auch die Menschen, egal, ob am Straßenrand oder als Teilnehmer. Nach den ersten paar Jahren wussten schon alle, dass genau am 1.

Mai um 9 Uhr vormittags vom Gasthaus Brandstetter in Hiesbach die große Eröffnungsausfahrt der Saison losging und zwischen Brandi und Gresten standen immer schon Mengen an Menschen neben der Straße und waren mit Film- und Fotokameras bewaffnet, um sich dieses Schauspiel nicht entgehen zu lassen. Es wurde gestaunt und gewunken, alle hatten ihre Freude am Straßenrand. Auch bei den Teilnehmern hatte ich manch begeisterte Typen. Zu den Ausfahrten, die ich veranstaltete, kamen mit der Zeit Biker, die schon fast längere Anfahrtszeiten hatten, als die Ausfahrt selber war lang war. Ich sah Kennzeichen aus Wels, Linz, Krems, Tulln Wr. Neustadt usw., es war echt der Wahnsinn, woher die alle kamen, nur um einfach mal mit dabei zu sein. Einer, es war ein Linzer, der fragte mich bei der ersten Rast am Grubberg, wo von dort der schnellste Weg nach Linz wäre. Er hatte an diesem Tag Nachmittagschicht, aber er wollte wenigstens ein Stück mit uns mitkommen und das Gefühl einer solchen Ausfahrt mal spüren. So am Rande erwähnt, bei jener Ausfahrt waren wir 243 Motorräder und so an die 350 Menschen, die dabei waren. Ich war richtig beeindruckt von dieser Kulisse und, wie es schien, viele andere auch.

Aber es sollte auch die letzte Ausfahrt sein, die ich organisierte. Nach 19 Jahren warf ich das Handtuch. Nicht weil es mir keinen Spaß mehr machte, dies war es nicht. Es war einfach die Dimension die die Ausfahrt schon annahm. Es waren schon so viele Biker auf einmal unterwegs, manche, die am Morgen schon mit geröteten Augen und 23 Promille im Gesicht an den Start gingen und natürlich mitten in der Kolonne am Hinterrad umherfahren mussten und am Ende hatten wir die letzten drei Jahre immer böse Unfälle deswegen und es musste auch der Rettungshubschrauber angefordert werden. Mein Ziel war es immer die Teilnehmer immer wieder gut nach Hause zu bringen und das schaffte ich nicht mehr bei dieser Menge. Und das Schlimmste, ich bekam von anderen Menschen deswegen immer ein schlechtes Feedback, weil bei meinen Ausfahrten immer so gerast wird und es so gefährlich sei. Dass ließ ich nicht auf mir sitzen, wo ich ja als Führungsmann meist nur 60 fuhr. Also ließ ich die 1. Saisonausfahrt des Jahres mal sein und widmete mich am 1. Mai schweren Herzens einem anderen Hobby.

Unser D-Day

Jedes Jahr, seit 1990, feiern Regina und ich unseren Kennenlern- und späteren Hochzeitstag auf dem Bike. Wir drehen da immer eine kleine Runde durchs Gemüse mit anschließender Ruderpartie am Lunzersee, einem Tütchen Eis auf einer Bank, mit direktem Blick auf den See, genau wie an dem Tag unseres Kennenlernens 1990.

Es war wieder mal ein wunderschöner, sonniger 20. Mai, als wir uns wie jedes Jahr aufmachten um unsere Zweisamkeit zu genießen. Es war das erste Mal seit wir unseren Benni hatten, wo wir endlich mal wieder zu zweit einen Tag genießen konnten. Sohnemann war bei Oma, also hielt uns nichts mehr und wir starteten unsere Chopper. Ich fand es herrlich, das Gefühl, gemeinsam mit meinem Mädel die Landstraße dahinzucruisen. Wie jedes Jahr hatten wir eine chillige Ausfahrt im Sinne, was an jenem Tag nicht so ganz aufging. Schon nach ein paar Kilometern bemerkte ich, dass ein Feiertag und irgendwie jeder auf der Piste war, der nur Gegend schauen wollte und aufs Gas geben vergaß. Nun ja, gemütlich ist das eine, aber in einem Affenzahn von 60 durch die Gegend zu kriechen, wo mir langsam die Augen zufielen, ist eine andere Geschichte. Dieser Tag war echt verhext. Egal, welchen Weg wir nahmen, Hauptstraße, Schleichwege oder sonst was. Immer waren zumindest zwei, drei Autos vor uns und schnarchten so dahin. Irgendwie war es mir ja egal, wie schnell wir waren, Hauptsache am Moped. Wir waren schon so an die fünfzig Kilometer unterwegs, wo es dann auch schon mal reichte. Wir fuhren schon gefühlte Stunden so siebzig hinter einer kleinen Kolonne von vier Schlafwagen her, als wir auf einen weiteren Schläfer trafen, der den neuen Rekord von 55 auf der Freilandstraße brach. Als wir dann durch Kleinreifling fast im Leerlauf durchratterten, reichte es! Nach der nächsten Linkskurve kam eine längere Gerad und da musste die Kolonne dran glauben. Blinker raus und an allen vorbei. Ja, es war nicht wirklich unser Tag! Als ich mit gut 130 vor dem Führungsauto wieder einscherte, sprang ein grüner Jägersmann hinter einem Holzstoß hervor, sprintete an den Straßenrand und winkte freundlich. Ein kurzer Blick auf den Tacho und schon drehten sich meine Augen zum Himmel. Da ja der Herr in grün etwas knapp vor mir aus den Büschen sprang, kam ich leider erst so fünfzig Meter nach ihm zu stehen. Als mir das grüne Männchen nachlief hörte er bereits von weitem meine Freude über sein Erscheinen. Ich fluchte und zeterte, schrie wild um mich und meine Gestik ließ den Beamten seines Schrittes langsamer werden. Ich denke, er hatte das Gefühl, hier den Falschen abgewunken zu haben. Nach weiterem wildem Geschrei meinerseits dachte er, wie es schien, vielleicht doch wieder umzudrehen, sich zu seinem Kollegen hinter den Holzstoß zu bequemen und einen anderen eher ruhigeren Verkehrsteilnehmer zu stoppen. Doch es war zu spät, ich hatte ihn schon im Visier und er konnte nicht mehr zurück. „So ein Scheiß, diese Arschlöcher, diese verreckten!! Stundenlang fahr i an 70er hinterher und wenn i einmal überhol und mal auf Geschwindigkeit bin, werd i a nu ausbremst und kon mi jetzt a nu deppad brena!! So a scheiß Tag a nu heut!!“

Als ich den Gesetzeshüter dann auch noch mit einem tötenden Blich ansah, kam er auch schon mit einer deeskalierenden Meldung auf mich zu und meinte: „Fahrzeugkontrolle, und regen Sie sich doch nicht so auf, es ist ja nur zu Ihrer Sicherheit!“

„Zu meiner Sicherheit?! Mit Sicherheit is jetzt unser Hochzeitstag versaut! Wir wollten nu gscheid essen gehen und jetza kann i meine paar Kröten, die i hab, nu in euch Staatsdiener investieren! Danke a scho!!“

Er meinte, dass wir uns doch den Hochzeitstag nicht versauen lassen sollten und den Tag genießen sollten. Ich sah ihn mit einem ziemlich säuerlichen Gesicht an und schnauzte, was mich der Spaß denn kosten sollte. Er meinte, weil ja heute unser Hochzeitstag ist, wäre er ja mit 25 Euronen schon zufrieden. Und schon ging mein Geschrei wieder los! Wütend zog ich meine Börse aus der Arschtasche, schnappte einen 200-Euro-Schein und streckte ihn dem Beamten hin.

„Haben Sie es nicht kleiner?“, fragte er mich kurz.

Als er dann meinen wütenden Blick bemerkte, meinte er, er befrage mal seinen Kollegen, ob dieser wechseln könne, und rannte auch schon zurück zum Holzstoß. Zur Erklärung: Früher, als ich noch manchmal etwas schneller unterwegs war, hatte ich immer einen großen Geldschein sichtbar in meiner Geldbörse und die kleineren Scheine immer irgendwo dahinter in einem anderen Fach versteckt. Wenn ich dann um eine kleine Spende für die Polizei gebeten wurde, drückte ich ihnen immer den großen Schein in die Hand. Oft konnten die Gesetzeshüter kaum Restgeld zusammenkratzen und sagten meist: „Na, diesmal lass mas noch mal durchgehen, aber beim nächsten Mal zahlen Sie!“ Und ich konnte straffrei das Weite suchen. Diesmal wars eben etwas dumm gelaufen, denn sein Kollege an der Kamera dürfte ein einträgliches Hobby haben, denn der konnte wechseln. Mit strahlendem Gesicht kam mein neuer Freund wieder zu uns zurückgelaufen und verkündete die frohe Botschaft, dass er mir doch den Rest des Wechselgeldes zusammenkratzen konnte. Aber schon bald sah er an meinem Gesichtsausdruck, dass ich darüber nicht so glücklich war, und schon ging mein Gezeter wieder los. Mitleidig sah mich der Bulle an und wünschte uns nur noch eine gute Fahrt und wir sollten trotz allem noch einen schönen Hochzeitstag verbringen. Wütend startete ich mein Moped und ließ meine Kleine im Parkett weg, dass die Steinchen und der Staub den Beamten kräftig einhüllten. Ziemlich schnell wurde der Beamte dann auch schon kleiner im Rückspiegel und ich denke, dass er an diesem Tage wohl das Abstrafen seinem Kollegen überließ. Rex und ich machten uns trotzdem noch einen wunderschönen Hochzeitstag und lachten noch lange über meine Show vor dem Gesetzeshüter.

Die Tücken eines Alkomaten

Es war ein schönes Wochenende, ein Tag, wo man gerne viele schöne Dinge unternehmen würde. Eines davon war die Hochzeit der Nichten von Rex. Ich wurde von meinem Schwager Fredy zum Filmen eingeteilt. Er war unser großer Filmemacher und war der Meinung, dass es besser wäre, mit zwei Kameras die gesamte Feier zu begleiten. Weil er ja wusste, dass ich auch gerne filme, war ich auch schon eingeteilt. Ab dem gemeinsamen Frühstück in der Großau wurde das frühe Treiben schon emsig dokumentiert und es sollte der ganze Tag ein pompöser Film werden. Nach dem aufwärmen meinte ich zu Rex: „Heut Nacht darfst du nüchtern sein, ich denke nicht, dass ich den ganzen Tag ohne Alkohol schaffen werde!"

Meine Allerliebste versprach mir, dass sie sich zurückhalten würde und ich mich der promilliären Leidenschaft hingeben könnte. Das war also mein Startzeichen und ich begann neben der Filmerei mich mit den Seiterln anzufreunden. Unaufgefordert wurde ich mit Alkohol gefüttert und siehe da, in der Kirche zur Trauung war meine Kameraführung schon sehr kreativ. Nach einer kurzen Pause, wo das Brautpaar beim Profifotografen war, konnte ich endlich mal etwas regenerieren und den Flüssigkeitshaushalt mit festem Brennstoff versetzen. Schon am frühen Abend gings dann weiter zur Sache und nicht nur die Akkus der Kamera wurden aufgeladen, nein, auch einige Bierchen und BCs erfüllten ihre Ladetätigkeit. Es war dann so gegen Mitternacht, wo ich gut drauf war, als mich dann wie aus heiterem Himmel ein schwerer Migräneanfall überfiel. Ich will mal nicht näher eingehen, wie dreckig es mir da ging, und weil es ja schon wirklich höchste Eisenbahn war, das Feld zu verlassen, suchte ich Rex, damit sie mich nach Hause bringen könne. Nach vielen Befragungen der Gäste und langem Suchen fand ich sie mit ihren Brüdern an der Bar. Als ich sie von weitem schon sah, merkte ich, dass meine bessere Hälfte noch mehr besoffen war als ich. Ich erzählte ihr kurz von meinem Dilemma und nach einigen Diskussionen konnte ich sie doch überreden, nach Hause zu fahren. Doch wer sollte das Steuer übernehmen? Wir konnten es uns aussuchen entweder 1,8 oder 2,5 Promille, wem konnte man die Herbergssuche eher zutrauen? Ok, wir nahmen dann eher meine 2,5 Promille. Ich konnte mich trotz meines Konsums doch eher konzentrieren und ich fühlte mich am Heimweg sicherer aufgehoben. Wir fuhren gemütlich über die Großau und Böhlerwerk. Später durchfuhren wir auch Gleiß und hofften, dass unsere Exekutive um diese Zeit eher Sperrstunden überwachen würde, anstatt auf der Straße herumzulungern. Als wir in der Nähe der Gleißer Kirche fuhren, sah ich schon von weitem einen verdächtigen Menschen mit einer Kappe an der Bushaltestelle stehen. Ich wollte so unauffällig wie möglich an ihm vorbeifahren, als er auf einmal sein rotes Schlampenlicht schwenkte und uns mit einer typischen Armbewegung einen günstigen Parkplatz anzeigte. „Na, des ham ma jetza wieder gscheid gmacht, DANKE!!“ Rex versank mit schuldigem Blick immer tiefer in den Beifahrersitz.

Als ich den Gesetzeshüter von hinten an meine Fahrertür kommen sah, ließ ich schon mal die Scheibe runter und holte mal tief Luft, um wenigstens den Beamten mit meiner Fahne nicht gleich zu Boden zu strecken. „Fahrzeugkontrolle, Führerschein und Zulassung bitte!“

Mit einem leichten freundlichen Grinsen im Gesicht, aber wortlos übergab ich ihm die gewünschten Papiere. Er nahm sich meine Pappe und ging mal rund um meinen Boliden, begutachtete alles und kam wieder an meine Tür. Er grinste mich an und fragte: „Und, wie wars auf der Hochzeit?"

Ich sah ihn verblüfft an und fragte ob er denn Hellseher wäre.

„Zu Anfang war ich mir nicht sicher, doch als Sie näherkamen, sah ich das Schleifchen an der Antenne. Wenn ich das nicht gesehen hätte, hätte ich Sie nicht angehalten!"

Na super, dachte ich, hätten wir doch nur das scheiß Ding bei der Abfahrt nach der Hochzeit abgenommen, dann hätten wir uns diesen Boxenstopp mal erspart. „Haben wir auch was getrunken?", fragte mich der Nachtschwärmer.

„Nicht der Rede wert!", erwiderte ich. „Einige Tassen Kaffee, paar Seiterl über den Tag verteilt und ein leichtes BC zum Abschluss!"

„Na dann ist es ja kein Problem, wenn wir bei unserem Streifenwagen eine Alkoholmessung durchführen!"

„Natürlich nicht!", entgegnete ich mit einem Lächeln im Gesicht.

Während ich ausstieg, warf ich Rex noch einen sehr bösen Blick entgegen, der sie noch tiefer in den Sitz sinken ließ. Als im Auto inzwischen alle Heiligen angefleht wurden, damit alles gut ausgehen solle, trottete ich hinter dem Sheriff über die Straße zu seinem Streifenwagen, wo im Kofferraum der riesige Automat war.

„Na endlich seh ich mal so ein Ding!", bemerkte ich. „In meinem ganzen Leben hab ich noch nie so ein Teil aufblasen müssen!" Ich quatschte den Bullen aus taktischen Gründen ohne Pause zu, damit ich vielleicht ein paar Promille in frische Luft umwälzen könnte, damit beim Test der Wert nicht so hoch ausfallen würde. Bringt zwar nix, aber es beruhigt die Nerven.

„Scheiße!!“, bemerkte der Beamte. Ich fragte ihn, was denn geschehen sei. Er meinte, dass wir etwas zu lange brauchten, um das Teil zu benützen. Wenn zwischen zwei Tests zu viel Zeit vergeht, würde das Ding in den Standby-Modus fallen und es dauert so an die zehn Minuten, bis es wieder einsatzbereit wäre.

„Na gut, dann wart ma hald a bissl, i hab heut e nix mehr vor!“, meinte ich. Und schon gings weiter mit meinem Gequatsche. Irgendwie hatte ich schon das dumpfe Gefühl, das ich den Beamten nerven würde, aber darauf konnte ich keine Rücksicht nehmen, hier gings ja um meine Pappe. Als die Zeit abgelaufen und der Bulle erleichtert war, dass endlich mal kurz mein Palavern ein Ende hatte, startete er das Gerät neu und begann das Teil vorzubereiten. Zuallerletzt steckte er noch ein neues Mundstück an den Schlauch und drückte noch ein Knöpfchen, das einen erbärmlichen Ton auslöste. Er drückte nochmals und begann plötzlich etwas Unverständliches zu brummen. Er klappte noch so ein Türchen auf, wo außer nix nichts drin war, nur eine Klammer, die normalerweise etwas festhalten sollte, was sie diesmal aber nicht tat. Der Beamte sah dies und schon begann er angepisst zu fluchen.

„Was is denn los?“, fragte ich ihn unschuldig.

„Hier sollte normalerweise eine Rolle Papier eingespannt sein, damit wir das Ergebnis des Tests aufzeichnen können! Wir haben keine Ersatzrolle mit, also können wir den Test nicht durchführen und belegen.“

„Jo, des is owa a Schaß!“, bemerkte ich erleichtert mit einem Grinsen im Gesicht. Ich konnte mir die nächste Meldung nicht verbeißen: „Jetzt hab ich mich schon so gefreud, endlich mal an Test zu machen, und jetzt geht des Ding ned!“ Ich setzte einen schwer enttäuschten Gesichtsausdruck auf. Auf meine Frage, was wir denn jetzt machen würden, meinte der Beamte nur: „Heute könn ma nix machen, also passens auf ban nach Hause fahren. Gute Nacht!“, zischte er mich noch an, während ich mich innerlich zerkugelte vor lachen. Als ich glücklich über die Straße flanierte und die Fahrertür aufriss, sah ich Rex noch ganz nervös dasitzen. Sie war schon ganz fertig, weil der Test schon so lange gedauert hatte. Sie war erleichtert, als ich unseren Boliden anwarf und in Richtung Heimat abfuhr. Als ich ihr dann noch erzählte, was los war, war sie noch erleichterter und konnte sich auch das Lachen über diese unglaubliche Geschichte kaum verkneifen. Auch ich war äußerst erleichtert, dass diese Geschichte so ausgegangen war. Ich hätt mich ewig in den Arsch gebissen, wegen so einem Blödsinn meinen Zettel abzugeben.

Countdown für's Eheleben

Meine bessere Hälfte Rex und ich waren nun schon etliche Jährchen glücklich in unserer Beziehung und je mehr Jahre ins Land zogen, desto öfter wurden wir mit der Frage gequält: „Jetzt seid's schon so lang zusammen, wann heiratet's denn endlich?" Anfangs wars ja recht lustig, aber nach einiger Zeit war das Generve schon mühsam. Wir wollten eigentlich nie heiraten, denn vom Verheiratet sein hat man ja selten was Gutes gehört, also wollten wir unsere tolle Beziehung nicht aufs Spiel setzen. Doch als der Druck dann doch zu hoch wurde, knickten wir ein und beugten uns dem Willen der Bevölkerung. Natürlich wollten alle eine eher fette Hochzeit, doch wozu Menschen einladen, die man ja ohnehin nie sieht, also kam für uns nur die engste Familie in Frage. Doch bis dahin war es ja noch ein weiter Weg. Was war alles zu tun? Zuallererst sollte mal das Offizielle geplant werden, also ab in den Pfarrhof zu meinem Lieblingsgeistlichen Max. Er hatte mich schon von meiner Kindheit an durch mein Leben begleitet, als Lehrer, als Seelsorger und als gern gesehener Vertreter Gottes. Unser Hochwürden war immer schon ein Mann des Volkes und er war genauso, wie ich mir einen Geistlichen vorstellte – menschlich. Natürlich kam nur er für unsere Trauung in Frage. Bei unserem Meeting mit ihm sah man ihm an, dass er sich für uns von Herzen freute, dass wir uns endlich trauten. Zwischendurch meinte er, dass wir wohl auch einen Ehekurs besuchen sollten. Dann sah er uns an und meinte, dass wir mit unseren zehn gemeinsamen Jahren Erfahrung eher als Vortragende hinfahren könnten. Es würden sicher viele junge Paare davon profitieren können.

Wir waren erleichtert, als er meinte, dass wir könnten, aber nicht müssten, denn uns selbst würde so ein Kurs eher langweilen. Ja, mit unserem Pfarrer war eine Audienz schon ein Spass.

Als wir dann unseren Wunschtermin für die Hochzeit bekamen, machten wir uns danach auch gleich auf zum Standesamt, um den dortigen Termin auch gleich zu fixieren. Der nächste Termin war ja natürlich der schönste. Unser Lieblingswirt Brandi musste unbedingt unser Festwirt werden, denn nirgends fühlte ich mich schon Jahre so wohl als hier. Hans freute sich, dass wir ihn für unsere kleine Feier erwählten. Nach der Abstimmung unserer Wünsche und guten Ideen von der Wirtin Christiane war auch bald der Aufputz erledigt. Wir waren froh darüber, dass wir so nette, unkomplizierte Wirtsleute hatten. Da war dann aber auch noch die Musik am Abend, die wollten wir aus der Dose haben, denn es gibt ja nix Besseres als das Original. Danach wurde noch der Kirchenchor organisiert. Als wir bei der Chorleitung unsere Wünsche zur musikalischen Umrahmung in der Kirche äußerten, merkten wir, dass unsere Musikauswahl mal was ganz anderes war. Natürlich sollten wir auch gut gekleidet zum Altar schreiten. Bei mir war es ja leicht, Schleier übers Gsicht und ned viel reden. Doch meine Braut sollte da schon eher das Highlight der Trauung sein. Also machten sich Regina, ihre Schwester Maria und deren Leibschneiderin auf den Weg und suchten das obergeilste Brautkleid, das Regina würdig war. Ihr erster Weg führte sie zum Oberausstatter für Brautmoden, um mal zu gustieren, was so angesagt war. Sofort war ein Zauber in weiß gefunden, wo aber nach dem Blick auf das Preisschild derselbige auch schon wieder verflogen war.

Was macht man da am besten, wenn das Traumkleid unerschwinglich ist? Foto und ab zum selber machen. Wozu hat man denn einen Profi an der Seite?

Natürlich wollten wir auch nicht wirklich alleine heiraten. Zuerst mussten mal Trauzeugen her, aber wen nehmen? Nach kurzem Überlegen war es dann auch schon klar. Die beste Freundin Reginas, Daniela, die schon seit Teenagerzeiten immer an ihrer Seite war, und Stefan, der mein langjähriger Freund war, wurden auserwählt, uns bei ausarten der Feierlichkeiten den Weg in unsere Gemächer zu zeigen. Die beiden waren ja schnell mal gefunden, aber wer sollte uns sonst noch zum Altar begleiten? Nach langem hin und her waren dann die engsten Familienmitglieder gefunden. Freunde hatten Regina und ich kaum mehr zu dieser Zeit, also waren die Feiergäste auch überschaubar. Wir wollten ja nur eine kleine feine Gesellschaft und keinen Massenauflauf. Natürlich war deswegen das Einladen der Gäste auch schnell erledigt.

Wir hatten also unsere Hochzeitsvorbereitungen weitgehend geschafft und dafür blieb viel Zeit für andere Dinge. Da wusste ich noch nicht, dass andere Dinge zu tun, keine gute Idee war. Stefan und ich nahmen uns mal wieder einen Vormittag frei, schnappten unsere Enduros und machten uns auf den Weg nach Greinsfurth, um ein paar Runden am Crosskurs zu drehen. Es machte total viel Spaß, eine Runde folgte der anderen. Schweiß sammelte sich am ganzen Körper vor Anstrengung. Aber schon bald sah ich, dass meine Kräfte nachließen und ich dadurch auch nicht mehr so konzentriert war. Ganz hinten in den Büschen, nach einer Abfahrt, kam eine scharfe Linkskurve, die mir fast unsere Hochzeit versaute. Es war ein sehr trockenes Teilstück mit tiefen harten Spuren. Ich fuhr diese blöde Kurve zu eng und nicht am Anlieger, wie es sich normal gehört. Mein linkes Bein streckte ich zwecks Abstützen zur Seite und weil ich das blöde Ding zu hoch anfuhr rutschte mir mein Hinterrad weg, dafür blieb mein Bein hängen und ich kam zu Sturz. Es krachte mal wieder in meinem Knie und ich ahnte Böses. Wie schon ein paarmal zuvor konnte ich mein Bein nicht mehr bewegen, es war, als ob jemand eine Sperre in mein Kniegelenk eingebaut hätte. Unter wunderbaren Schmerzen rappelte ich mich mit Müh und Not auf, wollte meine Enduro hochhieven, doch ich hatte keine Chance. Mein kaputtes Bein konnte das Gewicht der 620er nicht stemmen und mit schmerzverzehrtem Gesicht ging ich selber wieder zu Boden. Inzwischen kam Stoff um die Ecke und half mir und meinem Moped auf die Beine. Nachdem er mir mein Moped angeworfen hatte, konnte ich wenigstens noch selber bis zum Bus fahren Als wir es dann auch noch geschafft hatten, unsere Fahrzeuge in den Bus zu verfrachten, brachte mich mein Kumpel nach Hause und zeigte meiner angehenden Frau, dass ihr Gemahl etwas beschädigt war. Natürlich war ihre Begeisterung groß, so knapp vor dem Hochzeitstermin einen schwerverletzten Bräutigam zu kriegen. Wir fuhren danach ins Krankenhaus, wo ich auch gleich meine Lieblingsdiagnose erhielt: Kreuzband und Innenband gerissen, Knorpelschaden und der Meniskus war auch schon wieder lädiert. Lange Rede voller Unsinn, ich wurde wieder stationär aufgenommen und auch zeitnah operiert.

Nach einer Woche Spitalaufenthalt kam ich auch schon wieder nach Hause und bekam nach einer weiteren Woche

Gips wieder meine altbekannte Bewegungsschiene. Blöd war nur, dass zu unserer Hochzeit nur noch wenige Tage waren und es irgendwie scheiße kam, humpelnd und mit Krücken bewaffnet vor dem Altar zu erscheinen. Also wurde gut trainiert, um unseren schönsten Tag des Lebens halbwegs fit feiern zu können.

Liebe, Schmerz und schönster Tag

Endlich war er da, der schönste Tag unseres gemeinsamen Lebens. Wir konnten schon die halbe Nacht vor Aufregung nicht mehr ruhig schlafen und sprangen schon so gegen vier Uhr morgens aus dem Bett und begannen uns mal die Spuren der Nacht aus dem Gesicht zu zaubern. Wir waren schon ziemlich fertig und rauchten am Balkon ein Entspannungszigarettchen, als es plötzlich hinterm Haus laut knallte. Pünktlich um fünf Uhr früh starteten Toni und Karl, unsere Nachbarn, ihre Salutschüsse für uns. Sie hofften uns damit aus unserem Schlaf zu reißen, aber leider viel zu spät. Die beiden waren überrascht, als wir nach der ersten Salve schon mit einem Begrüßungstrunk vor ihnen standen. Nach ein paar Späßchen mussten wir uns aber auch schon wieder hurtig an unsere Vorbereitungen machen. Als wir unsere Körper dann öffentlichkeitstauglich hergestellt hatten, war unser erster Weg zu unseren Friseuren. Als meine Mutter von mir erfuhr, dass ich mir für die Hochzeit die Haare schneiden lassen würde, war sie fast zu Tränen gerührt. Sie lag mir schon jahrelang in den Ohren, endlich die langen Haare schneiden zu lassen, weil man sie ja heutzutage nicht mehr so lange trägt. Ich versprach ihr, mich schön machen zu lassen, und die Welt war für sie wieder in Ordnung. Nachdem ich meine neue Frisur geschnitten bekam, ging es dann wieder flott nach Hause, um in meine Festtagsuniform zu schlüpfen. Ich war gerade fertig, als mich unser Brautauto abholen kam. Am Steuer Adi, der Pate Reginas, unser Obermafioso. Wenn man ihn so im Anzug sah, dachte man, dem Oberhaupt der Familie höchstpersönlich gegenüberzustehen. Aber egal, wie bös er guckte, er war immer schon ein klasse Mensch. Ich bewunderte ihn immer schon, sein Witz, sein Wesen und seinen Kampfgeist, der ihm durch seine schwersten Stunden sehr hilfreich war.

Nach ein paar Minuten blödeln gings dann ab, meine Braut abzuholen. In der Treffling angekommen standen da schon wieder so viele Autos und Menschen, wo viele Wirte neidisch werden würden. Ich stieg aus dem Auto und wurde schon herzlich von allen begrüßt. Nach einigen Augenblicken kam auch Regina aus dem Haus. Wow, dachte ich, so eine wunderschöne, hübsche Braut! Ich war sichtlich gerührt, als sie auf mich zukam. Wir strahlten beide um die Wette, küssten und bestaunten uns. Ich hatte ja Regina in ihrem Brautkleid noch nie zuvor gesehen. Ich konnte es in diesem Augenblick kaum glauben, dass diese schöne Frau bald meine war. In der Zeit, wo wir zum Fotoshooting unterwegs waren, musste ich meine Braut unentwegt ansehen, es war Wahnsinn. Ihr Lächeln, ihr Strahlen, es war wie im Film.

Nachdem wir den Fotografen geschafft hatten, trafen wir uns mit den anderen Gästen im Gasthof zur Post in Neuhofen auf einen kleinen Imbiss. Da sah mich an diesem Tag auch mein Muttertier zum ersten Mal nach dem Friseur und sie konnte ihre Enttäuschung kaum verbergen. Sie dachte an einen modernen Kurzhaarschnitt, den ich mir zulegen würde, doch mir reichten meine geschnittenen Spitzen. Naja, es hat eben jeder ein anderes Bild von einem schönen Haarschnitt. Trotz allem hatte mein Muttertier voll Rührung Tränen in den Augen. Nach dem Standesamt glühten wir dann nach St. Veit, in die Kirche wo uns Pater Max trauen würde. Am Vorplatz angekommen verdunkelte sich plötzlich der Himmel und es kam ein heftiger Wind auf, der uns bald auch die ersten Regentropfen brachte. So schnell es ging, brachten wir uns in der Kirche in Sicherheit. Wir waren grad mal alle in der Kirche, als draußen die Hölle losbrach. Aber davon bekamen wir kaum etwas mit, denn die Trauung wurde vom Chor mit unserer Wunschmusik so wundervoll untermalt, dass wir das Toben von Mutter Natur nicht bemerkten. Wir merkten nur an unserer Gänsehaut wie toll alles war. Von „o happy Day“ bis „I got you Babe“ waren viele überwältigende Momente dabei. Regina, ich und unsere ganze Familie genossen diese Stimmung und waren begeistert. Unser Pater Max schaffte es, unsere Trauung unvergessen zu machen, er war immer sehr um mich bemüht, denn ich war ohne Krücken unterwegs, hatte meine Probleme mit niederknien und wieder hochkommen. Er und meine Liebste halfen mir immer wieder hoch und manchmal durfte ich sogar sitzend den Augenblick genießen.

Als Max sah, dass mich mein Zustand an so einem Tag etwas fertig machte, reichte er mir nach der Umwandlung den Weinkelch und flüsterte nur „sauf aus!“, um meine Stimmung wieder in die richtigen Bahnen zu lenken.

Am Ende der Trauung, als Regina und ich in die Gesichter unserer Familien sahen, gab es niemanden, an dem diese Hochzeit spurlos vorüberging. Als wir durch die Kirchentür traten, war sichtlich auch Mutter Natur mit uns zufrieden, die Wolken rissen auf und blauer Himmel samt Sonnenschein strahlte uns entgegen. Wir waren schon sehr erleichtert, als wir den offiziellen Teil mal geschafft hatten und dieser Tag bis zu diesem Zeitpunkt alles erfüllte, was wir uns wünschten. Nun kam endlich der gemütliche Teil, wo wir etwas lockerer und entspannter sein konnten. Als wir beim Gasthof Brandstetter eintrafen, wurden wir mit einem Glas Wein empfangen und in den Festsaal begleitet.

Leider war er in der oberen Etage des Gasthauses und durch den harten Tag, den ich schon hinter mir hatte, quälte ich mich schon etwas beim Erklimmen der Stufen. Doch als ich oben ankam, ließ ich mich gleich auf meinen Stuhl fallen und nahm mir einen anderen, um mein Beinchen hochzulegen. Ich war ja doch schon an die elf Stunden auf den Beinen. Nachdem alle ihre Plätze gefunden hatten, gab's gutes Futter aufgeteilt in mehrere Gänge. Als alle anderen eher mal den Knopf an der Hose öffneten, um das gefüllte Bäuchlein mal etwas zu befreien, mussten Regina und ich den Eröffnungstanz aufs Parkett schmeißen. Mal davon abgesehen, dass ich mit meiner Liebsten gerne tanze, war es an diesem Tag aber leider eine Quälerei. Ich spürte, wie mein Bein schon richtig böse auf mich war und laufend anschwoll. Zum einen regte mich meine Verletzung auf, aber zum anderen hatte ich eine gute Entschuldigung, nicht immer tanzen zu müssen. Es war ja auch mal schön, mit allen Gästen etwas zu ratschen und Spaß zu haben. So ganz nebenbei achteten wir immer auf unseren Hausschlüssel, damit dieser nicht blöderweise in die falschen Hände kommen würde. Aber irgendwann kam Reginas Schwester Ingrid zu ihr und zeigte ihr einen langen Riss in deren Kostüm. Sie bat Regina, ihr unseren Hausschlüssel zu leihen, um bei uns ihren Schaden zusammennähen zu können. Leider gab ihn Regina aus der Hand und dann wars auch schon geschehen.

Gegen halb zwei nachts ließen wir langsam unser Fest ausklingen, es war auch schon höchste Zeit. Mein Beinchen schmerzte schon gewaltig, ich hatte das Gefühl, es würde bald explodieren. Nebenbei brannte es auch schon, wo die Bewegungsschiene festgezurrt war. Durch die Hitze im Festsaal und weil ich ja doch immer wieder mithüpfte und mitspielte, machten sich auch schon Hautreizungen breit. Wir machten uns in Begleitung unserer Geschwister auf den Weg nach Hause und nachdem ich meine Ausgangsuniform mit meiner Jogginghose getauscht hatte und meine Bewegungsschiene abmontiert und auf meine Krücken gewechselt hatte, war ich mir mal ein gepflegtes BC vergönnt. Wir hatten so eine Stunde noch Stimmung, bis es mir endlich reichte, wir unsere Gäste verabschiedeten und ans zu Bett gehen dachten. Natürlich wurde unser Vorhaben etwas hinausgezögert. Denn, ich hätte es mir ja denken können, hatte der Riss in Ingrids Kostüm dazu geführt, dass meine Schwägeranten die Chance nutzten, um unseren Wigwam auseinanderzunehmen. Als ich mich gerade abmühte, meinen geschundenen Astralkörper vom Keller ins Erdgeschoss zu bewegen, hörte ich Regina aus dem Bad schon schreien. Klasse, es kam kein Wasser aus dem Hahn, kein Duschen, kein Abschminken, nichts war mehr möglich. Natürlich wussten wir nicht, warum es so war, bis doch gleich mal der Verdacht auf die böse Verwandtschaft fiel. Nun wussten wir, dass Reginas Blauäugigkeit schändlich ausgenutzt wurde. Also schleifte ich meinen Körper wieder in den Keller, um zu sehen, wo sie denn das Wasser abgestellt hätten. Zum Glück fand ich schnell den Schabernack. Ich machte das Wasser wieder an und hoffte, dass dies alles an Streichen war. Endlich schafften wir es, uns geschrubbt und geputzt auf den Weg ins Bett zu machen. Schon dachten wir, bald unseren verdienten Schlaf anzutreten, doch falsch gedacht. Es war im Schlafzimmer etwas anders als sonst. Unsere Wecker waren weg. Na klasse, es waren Motorradwecker, die sogar Tote wecken würden, und genau diese waren nicht mehr zu sehen. Also machten wir uns auf die Suche danach, wir kannten ja unsere Lieblingsgeschwister, sie hatten sicher alle gut versteckt und alle halbe Stunde würde wohl einer läuten. Ja, sie waren böse, sie hatten die Wecker gut versteckt. Aber wir mussten suchen, denn es war auch nicht gut, immer aus dem Tiefschlaf gerissen zu werden. Nach geraumer Zeit hatten wir alle gefunden und dachten nun schon an unseren heiligen Schlaf. Natürlich wars noch nicht soweit. Als wir uns ins Bett schmeißen wollten, sahen unsere Matratzen etwas komisch aus. Wir sahen genauer nach und merkten, dass unsere Lattenroste weg waren. Na das wäre eine gute Idee gewesen, wenn ich mich ohne nachsehen ins Bett geschmissen hätte. Ich wäre wohl am Boden gelegen und nie wieder rausgekommen mit meinem Beinchen. Auch diese Roste haben unsere Lieblinge sehr gut versteckt und je länger die Suche dauerte, umso zorniger wurde ich langsam. Ich mag ja solche Schabernacke an und für sich, aber wenn ich schon kurz vorm Verrecken bin und mich vor lauter Schmerzen nicht mehr auf den Beinen halten kann, reicht es. Nach längerer Suche fanden wir unsere Einsätze und wir konnten endlich ins Bett und hofften, dass uns keine weiteren Überraschungen mehr den Schlaf rauben würden. Zum Glück war es auch so.

Im Märchenwald

Eines Tages kam Stefan zu mir, er hatte sich eine Enduro zugelegt und fragte mich, ob ich mit ihm in eine Schottergrube mitkommen möchte, um etwas unsere Offroadkenntnisse aufzufrischen. Klar, wegen sowas braucht er nicht lange anfragen und schon waren wir auf dem Weg zur Spaßarena. Dort angekommen fluteten uns einerseits Glückshormone und andererseits hatten wir vor einigen Passagen auch etwas Ehrfurcht. Wir glühten ein paar Stunden durch den Kies, Hügel rauf, Hügel runter, durch etwas tiefere Wasserlachen, es war der volle Spaß, aber natürlich auch sehr anstrengend. Als wir wieder bei mir zu Hause ankamen, animierte mich Stefan doch vielleicht auch ein Geländemoped anzuschaffen. Ich überlegte nicht lange und schon ein paar Tage später hatte ich meine 620 KTM geordert.

Schnell mal Stefan mit der Neuigkeit überrascht und schon gings wieder ins Kieswerk. Es machte echt Spaß, zu zweit durch die Botanik zu hopsen. Doch wie es nun mal so war, bald durften wir nicht mehr ins Kieswerk, auch unser ausgetrocknetes Bachbett durften wir nicht mehr durchfahren. Also mussten wir uns nach einer Alternative umsehen, doch wo sollte diese sein? Stefan und ich saßen bei mir an der Gartenmauer und überlegten. Während unsere grauen Zellen angestrengt nachdachten, streiften unsere Blicke über ein Waldstück direkt 200 Meter von uns entfernt. Wie wäre es den hier? Wir starteten unsere Mopeds und machten mal eine Erkundungstour in diesen Wald und als wir ihn durchhatten, war es klar, hier wollen wir eine Piste kreieren. Ich kannte den Besitzer des Waldes und genau ihn trafen wir bei meinem Nachbarwirten Brandi. Hier trafen wir ihn öfter und an diesem Tag fragten wir ihn, ob wir in seinem Wald mit den Mopeds ein bisschen unser Unwesen treiben durften. Er erlaubte uns nach ein paar Spritzern weiß, seinen Wald in Beschlag zu nehmen. „Wenn was im Weg steht, dann schneidet's weg, was stört!"

Wir waren begeistert und schon am nächsten Tag gingen wir mit Säge und Axt bewaffnet in den Wald und kreierten für uns einen wunderschönen Rundkurs. Von nun an war dies unser Märchenwald mit Passagen, wie zum Beispiel dem Martinsbad, einer Bächleindurchquerung, dem Todeshügel, Kamelbuckeln und so weiter. Wir streckten alles nieder, was uns von unserer Ideallinie abhielt. Die Strecke war unser ganzer Stolz, denn es war alles dabei, dass ein Enduroherz höherschlagen ließ. Nun kam der Moment, wo wir unser Meisterwerk mal testen sollten. Zu Fuß war es ja echt schon eine Herausforderung, aber wie sieht's vom Moped her aus? Wir sprangen auf unsere „Gatschhupfer" und stellten uns mal vor unserer ersten eigenen Steilwand auf. Wir standen nebeneinander und sahen uns an. „Schaut scho a bissl steil aus!", meinte Stefan. Ich nickte zustimmend. Doch der wilde Hund in Stefans Brust nahm sich ein Herz, drehte seinen Gasgriff auf volle Leistung und ackerte sich den Hügel hoch. Oben angekommen hallte auch schon sein Siegesschrei durch den Dschungel. Ich merkte ihm seine Erleichterung an und nun lag es nur mehr an mir. Eine Lusche war ich noch nie! Und Angst? Angst hatten wir maximal vor einem harten Stuhlgang. Also machte ich meinen Gasschieber auf volle Leistung auf und knatterte auch den Hügel rauf. War echt ein wunderbares Gefühl, etwas zu schaffen, das zuvor unschaffbar schien.

So nach und nach fuhren wir die ganze Strecke ab, manchmal ganz locker und manchmal mit etwas Respekt. Natürlich gings dann schon mal Runde für Runde schneller. Aber was soll ich sagen? Wenn ich mal zu schneidig ans Werk ging, wurde ich meist auch gleich wild dafür bestraft. Im Martinsbad, der Durchfahrt eines kleinen Bächleins, wurden unsere Spuren immer tiefer und füllten sich randvoll mit Wasser. Ich kam den kleinen Hügel runter, an die Einfahrt zum Martinsbad, legte mich in die Kurve, gab meinem Feuerross etwas zu früh die Sporen, dadurch gab‘s einen leichten Highslider, der mir meinen Schwung nahm und, wie der Teufel es eben haben wollte, versank mein Vorderrad bis über die Radnabe im Schlamm. Es kam, wie es kommen musste, und Opi machte einen Abgang über den Lenker. Ich klatschte im Schlamm auf, dass ich dachte, ich wäre in einem Moorbad. Als ich hoch sprang, um mein Moped zu bergen, hatte ich schon alle Hände voll zu tun, um meine Beinchen nacheinander aus dem Schlamm zu ziehen. Mit viel Mühe, schaffte ich es, an meinen Gatschhupfer zu kommen. Mit vollem Einsatz schaffte ich es wenigstens, ihn aufzustellen. Rausschieben aus dem Matsch war mal nicht möglich. Also dachte ich starten und dann mit Motorenhilfe raus aus dem Morast. Gute Idee, aber nicht leicht durchführbar. Durch unsere vielen Durchfahrten war der Morast so tief, dass mein Kickstarter nur maximal bis zur Hälfte zu treten war, um einiges zu wenig. Wer schon mal 620 ccm mit dem Kickstarter angeworfen hat, der kann sich vorstellen, dass ich nach satten zehn Minuten reißen, heben, ziehen und zwischendurch zu kicken schon etwas erschöpft und aus der Puste war. Zwischendurch fiel ich auch mal wieder um, denn mein Standbein wurde immer tiefer in den Morast eingesaugt. Weil ich eben auch nicht der Größte war wurde bald mein Bein zu kurz und ich kippte samt meiner Kati wieder in den Gatsch. Zum Glück konnte sich Stefan nach den anfänglichen Lachanfällen mal beruhigen und mit vereinten Kräften schafften wir es dann doch, mein Moped aus dem Morast zu befreien. Nachdem mein Moped wieder auf festem Boden stand, musste ich mal einige Kippen zu mir nehmen, um mich mal zu beruhigen. Nach einer kurzen Pause gings dann aber auch schon wieder weiter und das Schöne an diesem Gatschsport ist, dass man an einem Tag ja doch manchmal bis zu vier Kilo an Eigenmasse verliert. Dies war eine unserer Geschichten aus unserem Märchenwald. Es wurden nicht mehr viele, denn nach ein paar Wochen war es für mich wieder so weit, mal meinen Zweitwohnsitz aufzusuchen, nämlich das Unfallkrankenhaus Waidhofen. Hurra, wieder Knie-Totalschaden! Langsam glaube ich wirklich, dass ich mich öfter mal verletze, damit ich meinen Leidenschaften nie mehr nachkommen sollte.

Königin des Dschungels

Es war einmal, so begannen die meisten Märchen, so auch die Geschichte der Dschungelkönigin im Märchenwald. In unserem Märchenwald hatten Stoff und ich schon einen echt coolen Rundkurs ausgearbeitet, der echt Spaß machte. Natürlich dauerte es nicht lange und Rex, meine kleine Rockerbraut, wollte auch im Unterholz ihr Unwesen treiben. Es gab nur ein paar kleine Hindernisse: kein passendes Bike und keine Erfahrung. Das letzte Mal beim Führerschein etwas an Zweiräder rangetastet und das wars dann für die nächsten Jahre. Doch Rex und ich waren doch immer für spontane Unternehmungen zu haben, schon wars so weit, eine kleine 250er, genau passend für unseren Märchenwald, geordert und ab zu den ersten Trainingsstunden. Am Anfang gings mal im Kreis in unserer Einfahrt und die Wohnstraße ein paar Mal auf und ab. Als ich endlich der Meinung war, dass Rex geländetauglich war, gings dann ab in unseren heiligen Märchenwald. Brav, wie ich es ihr auftrug, fuhr sie den schmalen Wiesenweg hinter mir her und als wir unseren Kurs erreichten, wurden die Mopeds abgestellt und mal zu Fuß alles erkundet, welche Passagen für sie zum Anfangen geeignet wären. Schon an den ersten Passagen kamen Rex die ersten Zweifel, ob sie diesem Parcours eigentlich gewachsen wäre. Ich überlegte kurz und schon war die erleuchtende Idee geboren. „Schatz, du vertraust mir ja, oder?“ Rex nickte. „Wir machen es so, ich fahre vor und du fährst mir einfach nach, ich bring dich nicht in Gefahr, das weißt du. Folge mir einfach ohne nachzudenken und dann wirst du sehen, es wird bald mal funktionieren.“ Sie nickte wieder, diesmal etwas zögerlich, aber entschlossen.

Wir warfen unsere Geräte an und ganz gemütlich nahm ich die Abschnitte, wo ich sicher war, dass meine Süße diese auch unbeschadet schaffen würde. Zuerst fuhr ich einige Passagen, die Gleichgewicht und Wendigkeit erforderten, dicht gefolgt von meiner Schülerin, die wirklich alles von mir Geratene befolgte. Langsam wurde ich immer schneller, Rex folgte und nun kam die Bewährungsprobe, einen etwas steileren Hügel hinunter, ich sah nach ihr und merkte, dass es ihr schon gefiel. Gleich danach ließ ich meine 620 einen Hügel hoch.

Oben angekommen, wanderte mein Blick gleich zu meiner Verfolgerin, die plötzlich auch schon den Hügel bezwungen hatte. Ich war merklich überrascht, dass sie sich das alles traute zu machen. Ich stellte mein Moped zur Seite, lächelte meine Kleine an und spendete ihr gleich bewundernde Worte meines Stolzes. Schon etwas verschwitzt, aber glücklich, dies geschafft zu haben, grinste sie über beide Wangen. Sie konnte ihre Freude über das Erreichte kaum verbergen. Sofort warf sie ihr Gerät wieder an und fuhr gleich wieder die soeben absolvierte Strecke, nochmal und nochmal. Sie wurde immer schneller und immer schneidiger, stand auf dem Bike, als hätte sie nie was anderes gemacht, ließ manchmal sogar das Hinterrad slicen und kam manchmal sogar schwer quer aus der Kurve. Mann, war ich stolz auf meine Schülerin. Als sie sich doch mal zu einer Rauchpause hinreißen ließ, fragte ich sie, ob sie die nächste Herausforderung schon annehmen würde. Rex nickte und schon gingen wir zu einem unserer letzten Hügel, deren Auffahrt schon nicht mehr so ohne war. Ich blieb am Fuße des Hügels stehen und deutete zur Auffahrt. „Wie wär's, nehm ma den noch in Angriff?"

Rex sah den Hügel ehrfürchtig hoch und bekam doch etwas Herzklopfen. Sie bezweifelte, dass sie da hochkommen würde, es war ja nicht wirklich Platz für Anlauf. Ich legte ihr einen Schlachtplan zurecht, ging zu Fuß die Ideallinie für den Anlauf ab, erklärte, wie viel Gas, wo schalten, welcher Gang, bis ins kleinste Detail erklärte ich alles. Sogar den Hügel kletterte ich begleitet von meinen Erklärungen hoch. „Diesen Hang musst du volle Knalle durchfahren, sonst schaffst du es nicht hoch, und wenn du kurz vor der Kante oben bist, sofort weg vom Gas und bremsen, da oben sind Bäume, es wird sonst gefährlich, wenn du da oben noch am Gas bleibst!"

Rex nickte und bekam langsam leichte Wallungen. Ich kletterte in die Hälfte des Hügels hoch und meinte nur, dass ich sie hier fangen würde, wenn sie es doch nicht bis ganz oben schaffen täte. Nun kam der Moment, wo wir sehen würden wie gelehrig und aufmerksam meine bessere Hälfte sein würde. Sie setzte sich den Helm auf, hatte einen voll konzentrierten Blick, warf ihr Bike an und machte sich auf den Weg zum Galgenhügel. Sie kam näher, setzte eine enge Kurve an um den Hügel gerade anfahren zu können, machte den Gashahn voll auf, knallte mit einem Affenzahn an mir vorbei, den Hügel hoch und verschwand ganz oben mit einem heftigen Knall. Ich kletterte schnell hoch, denn ich dachte, sie wäre da oben schwer verunfallt. Als ich keuchend hochkam, sah ich ihr Moped zwischen zwei Bäumen hängen, sie am Boden liegen und so richtig laut und herzhaft lachen, weil sie so glücklich war, diesen steilen Berg bezwungen zu haben. Ich half ihr hoch und während sie noch kaum stehen konnte vor Lachen, befreite ich mal ihr Moped aus den Bäumen. Es war zwar ein lustiger Anblick, doch ich war froh, dass Rex ihren Brustpanzer und ihre Schützer trug, sonst wäre es wohl nicht so schmerzfrei ausgegangen.

Ned schon wieder

Ja es war mal wieder so weit, ich wurde ins Krankenhaus Waidhofen beordert, um mein Knie verschrauben zu lassen. Ich war in diesem Krankenhaus schon zu einer lokalen Größe mutiert. Viele Ärzte und die meisten Krankenschwestern kannten mich schon und es schien, als würden sie sich jedes Mal freuen, wenn ich aufs Neue eincheckte. Es ist ihnen auch nicht zu verdenken das Krankenhaus verdiente an mir, die Assistenzärzte konnten ihre neu erlernten Fähigkeiten am lebenden Material ausprobieren und die Schwestern hatten ihren Spass mit mir. Ich jammerte selten und sorgte meist für Stimmung auf der ganzen Etage. Böse Zungen behaupten, dass ich sogar schon eine Kaffeetasse mit meinen Initialen bekam. Ab dem zweiten mehrtägigen Besuch traf ich dann immer auch meine Clubkollegin Vivi von den Ochtahoiwan, die hier als Reinigungskraft anheuerte. Zu ihren Aufgaben gehörte auch das Reinigen des Operationssaals. Als ich wieder von meinem Lieblingspfleger durch die heiligen Hallen des Krankenhauses geschoben wurde und wir schon kurz vor der OP-Einfahrt waren, hatten wir noch wild geblödelt und rumgealbert. Plötzlich hörte ich eine Stimme: „Opi? Was machst du den hier?“ Es war Vivi, die uns aus dem OP entgegen kam. Kurz erzählte ich ihr, was denn schon wieder geschehen sei, und natürlich fragte auch ich, was sie hier mache. Sie sagte, dass sie hier neu angefangen habe, und ihr Spezialgebiet war der OP. Jedes Mal, wenn ich in die Gegend des Operationssaal kam, war Vivi auch fast immer irgendwo auf der Strecke zu finden. Ich kam nie unbemerkt an ihr vorbei. Irgendwie trafen wir uns im Krankenhaus öfter als in der freien Wildbahn.

Nix for Speed in Südtirol

Ich war schon ein paar Monate in meiner neuen Firma angestellt, wo ich mit der Zeit einige Kollegen kennenlernte, die auch Mopedfahrer waren. Wir redeten viel übers Biken und mit manchen fuhr ich sogar schon einige Tagestouren. Als wir in der Schicht wieder mal zum Ratschen kamen, lud mich mein Vorarbeiter Peter ein, mit ihm, Anton und noch ein paar anderen aus der Firma drei Tage nach Tirol mit einigen Abstechern über die Südtiroler Pässe mitzukommen. Hörte sich ja verlockend an. Nachdem ich Rex auch die frohe Kunde überbrachte, stand der Reise nichts mehr im Wege. Als der Tag der Abreise nun endlich da war, trafen wir uns alle in Waidhofen an der Tanke zur Abfahrt. Eine gemütliche Truppe von fünf Motorrädern und sieben hoch motivierten Bikerfriends machten sich auf den Weg, die Alpen zu überqueren. Kaum weggefahren, trübte sich der Enthusiasmus auch schon wieder etwas ein. Gleich nach der Stadtgrenze von Waidhofen begann es auch schon leicht zu regnen. Ein paar Kilometer weiter dachten wir schon, jemand würde uns viele Kübel mit Wasser in die Schnauze schütten. Aber egal, wir sind Biker und ein bisschen Wasser konnte uns ja noch nie von einem Vorhaben abbringen. Also fuhren wir umhüllt von schweren Regenwolken immer weiter gegen Westen. Endlich, in der Gegend von Schladming wurde der Regen schon bedeutend weniger und als wir an den Krimmler Wasserfällen vorbeikamen und den Gerlospass überquerten, hatten wir auch schon den verdienten Sonnenschein. Durch Tirol war dann schon wirklich ein Kaiserwetter. Durch Innsbruck dachte ich schon, wir würden verbrennen, so heiß war die Stadt. Übers Kühtai war es dann schon wieder angenehm, das fanden auch die Kühe, die gemütlich neben oder auf der Straße lagen und gechillt ihr saftiges Gras kauten. Schon bald, nachdem wir vom kühlen Berg hinunter cruisten, kamen wir auch an unser Ziel, einer wunderschönen gemütlichen Pension, mitten in Ötz. Wir waren froh, endlich angekommen zu sein, so fuhren wir doch etwas über 500 km am Stück, wir waren an diesem Tag wirklich sehr lange unterwegs.

Es war schon Abend, als wir unsere Packtaschen auspackten und endlich unsere Zimmer beziehen konnten. Jeder machte mal sein abendliches Programm, Toni zum Beispiel schmiss sich in sein Laufoutfit und rannte noch schnell mal eine Stunde, bevor er zum Abendessen kam. Mario versuchte sich vom anstrengenden Tag etwas zu erholen, denn für ihn war die Anfahrt eher eine Stressgeschichte, für ihn und seinen Presshobel war unsere Geschwindigkeit eher ungeeignet. Heidi und Peter machten es sich auf ihrem Zimmer noch etwas gemütlich und packten nebenbei die Abendgarderobe aus. Rex und ich waren froh, mal aus unseren Klamotten zu kommen, Regina war am Rücken immer noch klatschnass, denn ich hatte, damit meine Kleine es auch immer schön lauschig am Sozius hatte, an meiner Rückenlehne eine dicke Decke montiert. Weil es ja so einen halben Tag lang schwer geschüttet hatte, war die Decke nass und gab einen Teil dem Rücken von Rex ab. Sie war auch nass bis unter die Rippen. Nachdem ich mir deswegen einen fetten Rüffel eingefangen hatte, zog ich mal meine Lederhose aus und … ich konnte es kaum fassen! Wie es schien hatte ich wohl ein Marsmännchen umgefahren, denn meine Beine waren beide von den

Knien bis über die Schenkel total grün eingefärbt. Nur keine Sorge, ich hatte keinen Marsianer getötet, es war das Unterfutter meiner Lederhose, die durch den starken Regen abgefärbt hatte. Am Anfang hatten Rex und ich noch Spaß und drüber gelacht. Als ich dann unter der Dusche stand, war es dann nicht mehr so zu lachen. Allein mit Duschbad und rubbeln ging kaum das Grün von der Haut ab. Erst als ich eine grobe Bürste fand, änderten meine Stelzen langsam wieder ihre Farbe, doch leider von froschgrün auf knallrot. Durch das viele starke Rubbeln ging mir fast meine wunderschöne mokkabraune Farbe ab. Nach einer halben Stunde gab ich dann meine Operation „clean the Feet" auf, denn ich bekam schon Hunger. Da ich ja immer ein hitziger Typ war, hatte ich fürs Abendessen nur eine kurze Hose eingepackt und so kam es, dass ich mit meinen rotgrünen Beinchen zum Essen kam. Ach was, wurde da gelacht! Der halbe Gastgarten amüsierte sich auf meine Kosten. Hauptsache Spaß, dachte ich und lachte natürlich mit, denn so was hatte ich auch noch nie erlebt, dass ich nach dem Ausziehen meiner Hose trotzdem noch eine anhatte. Der Abend war toll und nach dem Essen ließen wir den wunderschönen Tag noch mit einem kleinen Schlummertrunk ausklingen, nur Mario machte es sich auf seinem Sessel schon bequem, igelte sich zusammen und schlief beinahe ein. Er lag wie ein Embryo auf seinem Sessel, er war müde, aber wollte auch nichts von unserem lustigen Abend verpassen.

Am nächsten Morgen, gleich nach dem Frühstück, machten wir uns auf, einige der schönsten Pässe zu erkunden. Der erste Weg führte uns über den San Bernadino, ein wunderschöner Pass auf der Schweizer Seite unserer Tour.

Danach gings natürlich auch über das Stilfser Joch, mit ihren endlosen Serpentinen und Spitzkehren. Ich fuhr meist in der Mitte unserer Gruppe, genau hinter Mario. Als wir die engen Kurven des Stelvios erklommen, machte ich mir seinetwegen etwas Sorgen. Mario, das war einer, der seinen Pressbock über alles liebte. Ich war bis dato noch nie mit ihm unterwegs gewesen, ich kannte seinen Fahrstil nur von seinen eigenen Erzählungen. Zu Hause wollte ich eigentlich nie mit ihm Motorrad fahren, denn ich dachte immer, ich würde ihn mit meiner Fahrweise aufhalten, denn nach seinen Erzählungen war er eher der Rossi-Typ. Als ich so am Stelvio hinter ihm fuhr, dachte ich im ersten Moment, dass er mit seinem Bike volle Probleme hatte. Er fuhr die Kurven stark verzögert an, wachelte jeweils mit dem gestreckten Innenbein durch die Kehren, als ob er Angst gehabt hätte, umzufallen. Ich machte mir schon echte Sorgen, denn so kämpfte er sich durch die gesamte Kurvenwelt. Teilweise war er so langsam in den Kurven, dass ich dachte, selber bald mal umfallen zu müssen. Als wir dann am höchsten Punkt am Stilfer Sattel ankamen, fragte ich ihn, ob er denn Probleme hätte beim Fahren. Er sah mich an, als wüsste er nicht, warum ich ihn das fragen würde, und meinte nur, dass alles passen würde. Toni, der hinter mir fuhr, merkte aber auch, dass er wie eine Lusche die Kehren anfahren würde, und machte sich auch gleich daran Mario, zu necken. Bei einem Spaziergang ganz oben neben den Schneefeldern meinte Peter nur, dass ich mir um Mario keine Sorgen machen müsste, der traue sich einfach nicht, schneller zu fahren. Ich war da etwas überrascht, denn zu Hause erzählte er mir immer von den wildesten Fahrten und den ärgsten Kurvenlagen. So a Striezi, dachte ich und für mich war das Thema dann auch schon wieder erledigt.

Bei unserem Spaziergang genossen wir die wunderschöne Gegend und die sehr frische Luft, die mir langsam aber sicher die Lust auf meine Lucky Strike vermieste. Wir waren da ja doch einiges über 2000 Meter hoch und da spürte ich die dünne Luft schon gewaltig. Alle dachten schon, eine Dampflok fuhr über den Sattel, dabei war es nur ich, der mit seiner fetten Raucherlunge um Sauerstoff rang. Während ich mit mir selber schwer zu tun hatte, sammelten Heidi und Rex ein paar schöne Pflanzen, die sie komplett unauffällig zu unseren Satteltaschen trugen. Ich denke, es waren alle Blicke der da oben verkehrenden Menschen auf sie gerichtet, denn sie erregten mit ihrer Tarnung größte Aufmerksamkeit. So nach einer Stunde fast in Himmelsnähe machten wir uns dann auf zur Abfahrt ins Tal, nur noch gefühlte 1000 Kehren und Mario vor uns. Die Abfahrt war wie die Auffahrt. Er schien wirklich die größte Angst vor Kurven zu haben. Nach einer kleinen Ewigkeit kamen wir dann am Abend wieder in unsere Unterkunft nach Ötz. Wir waren alle froh darüber, mal etwas früher aus dem Sattel zu kommen und unseren letzten Abend in Ötz noch gemütlich ausklingen zu lassen. Die letzten beiden Tage gingen doch etwas mehr an die Substanz, als ich dachte. Doch das gröbste unserer Tour sollte erst noch kommen.

Der letzte Tag unserer Reise begann schon recht früh am Morgen, denn unser Roadkäptn Peter bereitete uns auf eine etwas längere Schlussetappe vor. Es ging von Ötz weg gleich mal etwas in die Höhe, denn dünne Luft am Morgen vertreibt ja meist ned nur Kummer und Sorgen, sondern auch den letzten Feenstaub der Nacht aus den Augen. Es war ein wunderschöner lauschiger Morgen, also entschloss ich mich mal, ohne Jacke, nur mit Leibchen und meinem Ledergilet die Alpen zu überqueren. Komischerweise löste meine Bekleidung bei meinen Begleitern nur Kopfschütteln aus. Sie meinten, dass es noch etwas kühl wäre für meine Adjustierung, aber kühl gabs in meinem Wortschatz nicht.

Schon bald bezwangen wir den Jaufenpass, durchquerten halb Südtirol und verließen es über den Staller Sattel. Peter meinte, dass wir etwas Meter machen sollten, denn unsere Strecke bis nach Hause war noch ein ganzes Stück. Wir mussten auf unseren ersten 250 Kilometern schon alle 40 Kilometer Pause machen, denn Mario konnte uns sonst nicht mehr folgen. Natürlich dauerte es nach den Pausen nicht lange und Mario verlor wieder den Anschluss, denn er war so verunsichert, dass er sich nicht mal langsame LKWs überholen traute. So beschloss Mario, die Zeit, wo wir anderen Pause machten, durchzufahren. Endlich wieder in Österreich fuhren wir über Silian in Richtung Millstättersee, wo wir mal eine kleine Mittagspause mit hervorragendem Essen einlegten. Danach ging's über die Turracher Höhe hoch bis an den Sölkpass, wo wir wieder eine Pause einlegten, die da schon immer dringender wurden. Es waren ja schon über 550 km, die wir seit der Abfahrt in Ötz hinter uns brachten. Meine Knie und meine Leiste schmerzten schon gewaltig und ich konnte mich richtig in Mario reinfühlen, der Arme musste ja den ganzen Weg fast durchfahren.

Endlich, gegen halb zwölf nachts, kamen wir in Waidhofen an. Wir waren alle schon ziemlich erledigt, als wir unsere letzte gemeinsame Zigarette rauchten. Danach gings nur noch nach Hause ins Bett und nach exakt 725 km konnte ich mich nur mehr totstellen. Trotz des letzten anstrengenden Tages war dies eine meiner schönsten Ausfahrten die ich mitmachen durfte. Sogar ein Gutes hatte diese Ausfahrt für mich. Als ich am Stilfser Joch bei unserem Spaziergang fast verreckte, war ich so weit, endlich mit dem Rauchen aufzuhören. In Waidhofen, am letzten Tag unseres Abenteuers, rauchte ich meine letzte Lucky Strike für mehr als zehn Jahre. Ich war begeistert.

Geboren um zu töten

Was gibt es Schöneres, als mit seinen Freunden, an einem schönen Sonntag eine geile Runde zu drehen. Wir trafen uns gegen neun Uhr morgens an der Tanke in der Hilm. Ich war begeistert, denn an diesem Tag waren alle pünktlich. Es war ja auch die Elite versammelt, Hösi, Flamingo, Babsi, Regina und ich, da waren ja alle Pflichtbewussten dabei. Kurz noch über die Route gesprochen, die uns mal wieder über den Zellerrain Mariazell, Niederalpl, Lahnsattel bis zur Wuchtlwirtin und über Wastl am Wald wieder nach Hause führen würde. Also eine gemütliche 250-km-Runde, so wars bis dahin mal geplant. Da wir an diesem Tag ja eher eine flottere Gruppe waren und ich als Leitbulle wie fast immer die kleinste und schwächste Rumpel hatte, musste ich etwas rescher zur Sache gehen. Ich wollte ja nie jemanden zu sehr bremsen und schon gar nicht, wenn Ringfahrer an meinem Arsch klebten. So gab ich meiner kleinen LTD die Sporen und machte wie bei den meisten Ausfahrten die fehlenden Pferdestärken mit Mut wieder wett. Nachdem ich bei der ersten Rauchpause wegen meines Fahrstils wieder mal Kopfschütteln geerntet hatte und verwundert gefragt wurde, wie man mit so einer kleinen Chopper so fahren könne, ließ ich es danach dann weiter krachen und langsam näherten wir uns dem Anstieg auf den Zellerrain. Bevor es aber nach oben ging, schlängelte sich unsere Alpenautobahn entlang der Ybbs mit wunderschönen langgezogenen Kurven dahin, bis wir an die alte Steinbrücke kamen, die mit ihrer engen S-Kurve über die Ybbs führte. Natürlich musste ich da schwer vom Gas, denn die Schikane war ja wirklich eng. Ich erwischte einen wunderschönen Eingang in die erste Links und konnte beim Umlegen auf die folgende Rechts schon wieder voll Schub geben. Doch bei der Kurvenausfahrt passierte es. Als ich meine Nachbrenner anwarf und mit wahnsinniger Drehzahl aus der Kurve rausbeschleunigte, machte es auf einmal einen wilden Knall und aus dem Motorblock kam ein Geräusch, als wären Pokerwürfel auf den Kolben gelegen, die wild geschüttelt würden. Der reine Reflex ließ mich nach dem Knall nur mehr die Kupplung ziehen und den Notaus drücken. In meinem Kopf spürte ich zur selben Zeit Bestürzung ausbreiten. Scheiße, Motorschaden, fuhr mir durch meine Denkzentrale. Ich ließ mein Moped noch bis zur nächsten Ausfahrt auslaufen und stieg mal ab, um zu sehen, was wirklich passiert war. Als ich abstieg, parkten sich die anderen auch ein und Hösi meinte, ob ich vor dem fetten Anstieg auf Dieseltreibstoff umgestellt hätte, denn er sah nur mehr eine schwarze Wolke aus meinem Auspuffrohr aufsteigen. Eine klasse Meldung, doch ich konnte in diesem Augenblick kaum ein Späßchen vertragen. Als ich so den Motor mal betrachtete, merkte ich, dass ich an der hinteren Seite einen zirka vier Zentimeter langen Riss hatte und an weiterfahren mit Sicherheit nicht zu denken war. Als die anderen merkten, was los war, hatten sie sofort Mitleid mit mir. Meine kleine Lady war von mir nach einer einundzwanzigjährigen Beziehung getötet worden. Es war furchtbar, ich konnte es nicht fassen. Was sollte ich nun tun, mit einem toten Moped mitten in der Pampa? Ich dachte, ich ruf mal meine Brüder Max und Joe zu Hilfe. Zum Glück gab es ja schon ein Handy, also kein Problem, Hilfe zu ordern. Problem, Handy gut, kein Netz, eher schlecht. Mitten in den Bergen passiert es schon mal, dass der Empfang durch die Berge unterbunden wird. So auch an unserem Standort. Also, was machen? Rauchzeichen eher schlecht, denn auch Rauch verliert in einer gewissen Höhe seine Berufung. So lieh ich mir eben mal die Enduro von Flamingo aus und fuhr mal bis zur nächstbesten Stelle, wo wenigstens so viel Empfang war, dass ich meinen Brüdern durchgeben konnte, wo mein totes Moped abzuholen sei. Ich musste echt weit den Berg hinauffahren, um endlich ein Netz zu kriegen.

Nach Absetzen meines Notrufes machte ich mich wieder auf den Weg zu meinen Bikerfreunden, die schon längere Zeit auf meine Rückkehr warten mussten. Bei ihnen angekommen meinte ich, dass ich ihren schönen Motorradtag nicht vermiesen wolle, und meinte, sie könnten Regina und mich ruhig zurücklassen, denn wir beide wollten in aller Stille um unser 450er trauern. Schweren Herzens sahen wir ihnen noch bei der Abfahrt nach, während ich mich über meine unsensible Fahrweise mit meiner in die Jahre gekommenen Lady ärgerte. Schon nach einer guten Stunde waren meine Brüder samt Anhänger angekommen und flugs war mein kleines Opfer auch schon verladen und gesichert.

Es wurde eine stille Heimfahrt, denn ich wusste, dass dies das Ende meiner Motorradkarriere war. Ich wollte und konnte einfach kein anderes Moped als meine 450er fahren.

Zu Hause angekommen und nach einer dreiwöchigen Trauerzeit gab's für mich nur eins, es musste ein neuer Motor her. Ich wollte meine Kleine und auch mein Lieblingshobby, das Biken, nicht aufgeben, also wurde meine Schraubergemeinde auf die Suche nach einem passenden und preislich erschwinglichen Motor ausgesendet. Nach ein paar Wochen hatte ich dann auch endlich Glück und einer meiner Scouts fand auf Ebay ein passendes Teil. Mann, war da meine Freude groß. Etwas gemein war, dass das gute Stück nähe Ulm im Schwabenlande war. Am Postweg dauerte mir die Lieferung eindeutig zu lange. Also rief ich den Besitzer dieses guten Teils an und vereinbarte mit ihm ein direktes Erscheinen meinerseits. Da ich ja keine Zeit verlieren wollte, saß ich schon am nächsten Morgen um sechs Uhr früh in meinem Wagen und glühte mit Hypergeschwindigkeit nach Germanien, meinem guten Stück entgegen. Nach Ellwangen waren es ja nur schlappe 490 km, die wollte ich so rasch als möglich hinter mich bringen, um endlich mein neues Schmuckstück in die Arme zu schließen. Durch meine frühe Abfahrt konnte ich dem Berufsverkehr ausweichen und wurde durch nichts aufgehalten. Nur ab Passau war Nebel, dass man kaum weiter als zur Motorhaube sah, der mich etwas bremste. Also ließ ich meine Geschwindigkeit mal etwas unter 200 fallen und das war auch gut so, sonst hätte ich den querliegenden LKW auf der Gegenfahrbahn, Höhe Regensburg, übersehen. Pünktlich um neun kam ich an meinen heiligen Ort, wo ich auch schon erwartet wurde. Mann, das war schon ein Paradies, wo ich da war. Eine ganzer Schauraum voll mit alten Mopeds aus meiner Jugend, eine Dreizylinder 750er Yamaha, eine Sechszylinder Honda CBX 1000, waren das Anblicke. So was sah man zu dieser Zeit kaum mehr auf Straßen. Daneben stand eine schwarze 450er Kawa, die Schwester meiner Kleinen. Ach, wie ich mich hier wohl fühlte.

Nach einer kurzen Führung fuhren wir gemeinsam zum Lager, wo Helmut, der Besitzer der Schätze, sein Lager mit Ersatzteilen hatte. Mir fielen fast die Augen aus dem Kopf, als ich sein Hochregal sah. Alles feinsäuberlich beschriftet und in Kisten einsortiert. Er zeigte mir eine Kiste mit so ziemlich allen Einzelteilen die für meine Kleine passend waren und daneben thronte ein wunderschöner Motorblock, nur 25.000 km drauf, unfallfrei und noch für die

Ewigkeit fahrbereit. Als wir unser Geschäftliches abgewickelt hatten, verabschiedete ich mich, brachte wieder Energie in meinen Bleifuß und glühte wieder in Richtung Heimat. Na wenigstens hatte sich der Nebel verzogen und ich konnte mein Gaspedal durchdrücken. Kurz kam mir der LKW-Unfall wieder in den Sinn und dass mich dieser wohl bremsen würde, doch der Gedanke wurde wieder zur Seite geschoben. Die Unfallstelle müsste ja schon längst geräumt sein. Aber Odin meinte es nicht gut mit mir und schon stand ich im Stau vor der Unfallstelle. Zum Glück rollte ich wenigstens ein wenig die vierzehn Kilometer, als ich endlich vom aufgestellten Unfallfahrzeug vorbeikam. Danach hatte ich wenigstens durchgehend freie Fahrt, die ich auch richtig nutzte. Endlich wieder in meiner Heimat angekommen, machte ich noch schnell einen Kundentermin und danach eilte ich gleich zum Schrauber meines Vertrauens, damit er sich sofort an die Arbeit und mein Baby wieder heile machen konnte.

Nach ein paar endlosen Tagen konnte ich endlich meine Kleine abholen und konnte wieder eine kleine Proberunde drehen. Ich war soooo glücklich, dass mein Moped wiederbelebt werden konnte, es hingen ja so viele schöne Erinnerungen dran. Ja, auch meine Regina lernte ich auf der 450er kennen, allein deswegen war mir eine Wiederbelebung sehr wichtig. Und wie heißt's im Märchen „Und die drei lebten glücklich und zufrieden bis an ihr Lebensende.

Neuer Job für Opi

Auch ich werde nicht jünger und auch die Vergangenheit hinterlässt schon mal etwas tiefere Spuren. Ich war erst zwei Jahre in meiner neuen Firma angestellt, als ich zu dem Entschluss kam, endlich mit dem Rauchen aufzuhören. Schuld war unsere drei-Tages-Reise mit dem Moped nach Südtirol. Nach zirka einem halben Jahr nix rauchen ging ich mal zum Arzt, der sollte mir eigentlich bestätigen, dass meine Lungenflügel jetzt endlich besser arbeiten würden als zur Zeit der 80 Lucky Strikes am Tag. Ab da bestätigte sich wieder meine These, geh gesund zum Arzt und du kommst krank nach Hause. Meine Lungenfunktion war die eines Achtzigjährigen. Ich hatte mir durch die vielen Jahren intensivsten Rauchens eine sogenannte COPD eingefangen, wo es kein Mittel gegen gab. Mit nie mehr Rauchen viel Sport und etwas abnehmen könnte man den Verlauf etwas aufhalten, aber mehr war nicht drin. Mein Arzt schlug mir auch einen Jobwechsel vor, er tendierte so Richtung Gärtner oder Förster, dies würde meine Lebensqualität etwas verbessern. Nun ja, heiße Bleibäder und eher ungesunde Dämpfe, die ich am Arbeitsplatz einatmete, waren sicher nicht das Beste für mich, aber was tun? Als Gärtner würde ich eher meine Familie nicht ernähren können und zum Förster fehlten mir die Beziehungen, dachte ich, aber es musste was geschehen. Nach langem Hin und Her verließ ich meine damalige Firma und überlegte, was ich denn noch so Gesundes machen könne. Ich hatte ja zu dieser Zeit ein paar Erfahrungen mit Versicherungen und da hatte meine Schwester die Idee, dass ich ihren Versicherer mal fragen könnte, ob der nicht so einen wie mich brauchen könnte. Diese Arbeit war zwar nicht inmitten der Natur, wie mein Arzt meinte, doch die Bedingungen für meine Gesundheit waren bedeutend besser. Ich ließ mich überreden, rief den Betreuer meiner Schwester an und verabredete mit ihm in seinem Büro einen Termin.

Als ich am vereinbarten Tag in Amstetten im Versicherungsbüro einrannte, wurde ich von ihm schon freudig erwartet. „Mein Name ist Heiko, ich bin hier der Bezirksleiter und führe dieses Büro." Er stellte mir die Belegschaft mal vor, Henriette, die Tippse, und seine beiden Außendienstkollegen Erwin und einen meiner alten Bekannten aus Kematen, Herbert, mit dem ich in meinen glorreichen Zeiten oftmals einiges erlebt hatte. Bei einem Kaffee erklärte mir Heiko, was und wie hier alles so abläuft, drückte mir einen fetten Ordner in die Hand, wo alles, was es so für Versicherungen gab, drin stand. Hier könne ich mal etwas gustieren, ob dieser Job etwas für mich wäre. Mir gefiel die Mannschaft und den Job werde ich auch noch genauer kennen lernen, dachte ich. Heiko konnte es sich vorstellen, mit mir zusammen zu arbeiten, aber er sagte auch, dass das letzte Wort der Landesdirektor habe. Er sagte, dass ich es mir die nächsten Tage überlegen sollte, ob ich hier arbeiten wolle, und dann machen wir einen Termin mit dem Landesleiter. Nach diesem Termin sprach ich noch mit Rex darüber, zog mir noch grob Heikos Ordner rein und am nächsten Morgen stand es fest, ich will den Job! Ich rief Heiko gleich an und überbrachte die frohe Botschaft. Er machte dann auch sogleich einen Termin mit dem Landeschef aus und schon in der folgenden Woche durfte ich mich bei Hochwohlgeboren vorstellen. Da ich ja immer schon Biker war und kein Dressman, hatte ich natürlich auch nur einen noblen Bikerzwirn, sprich Kutte und Lederhose. Standesgemäß rückte ich beim Termin mit meinem Hobel und meinem Bikerdress an. Als ich wohlerzogen an die Bürotür klopfte und das „Herein“ von Heiko vernahm, trat ich ein und sah da schon die versammelte Mannschaft sitzen: Heiko, Erwin und den Landesleiter, der ganz entspannt an einer fetten Zigarre nuckelte. Als er mich sah, bekam er auf einmal große Augen und einen schockierten Blick. Noch bevor er etwas sagen konnte, meldete ich mich mal zu Wort: „Bevor Sie was sagen, möchte ich mal was zu meiner Person sagen. Ich bin ein Biker, das ist mein Leben und so, wie ich jetzt aussehe und gekleidet bin, das bin ich privat. Ich verstelle mich nicht und mache auch nur das, wovon ich überzeugt bin, mit dem müssen Sie leben, wenn ich hier arbeite!“

Nachdem der Direktor mal geschluckt und mein Referat kurz verarbeitet hatte, sah er mich immer noch völlig verwundert an. „Na das passt schon, wir wollen es auch nicht anders!“, waren seine ersten Worte. Danach folgte ein produktives Gespräch und dabei wurden wir uns einig, es zusammen zu versuchen.

Als der Cheffe dann abdampfte, saßen meine neuen Kollegen und ich noch eine Weile zusammen und Heiko musste immer noch über den Landeschef lachen, der so etwas wie mich wohl nicht erwartet hatte.

Es folgten danach einige Jahre der gemeinsamen Zusammenarbeit, wo ich natürlich auch so blieb, wie ich es beim ersten Gespräch angekündigt hatte. Ich machte zwar meine Arbeit, wie ich sie für richtig hielt, doch für meine Obrigkeiten war dies immer zu wenig. Also trennten sich nach knapp fünf Jahren wieder unsere Wege. Den Beruf hab ich immer noch, weil er für mich passt, nur bin ich jetzt mein eigener Chef. Mit Heiko habe ich einen Freund gefunden, mit dem ich viel durchmachte, und unsere Freundschaft hält heute noch, obwohl wir uns leider viel zu selten sehen.

Die Vorsehung lässt grüßen

Regina und ich waren schon drei Jahre verheiratet und hatten erst vor kurzem die Bestätigung erhalten, dass wir Eltern werden würden. Doch ein paar Wochen später, als Regina alleine zur Routineuntersuchung fuhr, hatte sie schon so ein blödes Gefühl, als ob etwas nicht stimmen würde. Ihr Gefühl täuschte sie nicht, sie hatte unser erstes gemeinsame Baby verloren. Es war bestimmt der Stress im Job und auch die harte Arbeit, die wohl zu viel für unser Kleines waren. Die Zeit danach war für uns beide sehr hart, wir wünschten uns schon so sehr eine glückliche kleine Familie und dazu gehörten natürlich Kinder. Wir versuchten es lange Zeit, wieder irgendwie Nachwuchs zu bekommen, doch es funktionierte aus unerfindlichen Gründen nicht.

Im darauffolgenden Jahr wollten wir wieder nach Griechenland in Urlaub fliegen, wir mussten mal weg aus unserem Alltag, unsere Sorgen hinter uns lassen und mal abschalten. Da wir unbedingt eine griechische Insel besuchen wollten, die wir noch nicht kannten, fiel unsere Wahl auf Rhodos, eine kleine Insel im Osten der Ägäis. Wir hatten einen wunderschönen Ort im Norden der Insel im Auge, aber leider war hier schon alles ausgebucht. Also nahmen wir den Ort Kolymbia. Der Ort hörte sich nicht schlecht an, Sandstrandnähe, kleiner Ort, aber leider ein Betonbunker, wie ihn nur die Deutschen lieben. Naja, kleine Abstriche machen is ja ned schlimm, dachten wir. Also flogen wir nach Rhodos und checkten in diesen Betonbunker ein, war ja egal, wo wir schliefen. Wir waren ja ohnehin eher die Nomadentypen und sahen uns lieber die ganze

Insel an, anstatt immer am Strand zu faulenzen. Die ersten beiden Tage waren wir mit dem Auto auf Erkundungstour, da hatten wir dann auch schon die gesamte Insel gesehen und konnten beruhigt auch mal einen Badetag am Sandstrand einlegen. Als wir so am Strand lagen, fiel uns immer weit oben am Berg, an der anderen Seite der Bucht, ein kleines Kloster ins Auge. Regina meinte, dass ihr dieses Kloster schon am ersten Urlaubstag aufgefallen sei und sie diese gerne mal besucht hätte. Da wir ja alte Nomaden waren, hatten wir immer einen Reiseführer dabei. Ich durchsuchte mal alles und wirklich fand ich eine Beschreibung des Klosters Tsampika Monastery samt Legende. Diese Legende besagt, dass dieses Kloster von Paaren besucht wurde, die einen innigen Kinderwunsch hegten, der bis dahin nie in Erfüllung ging. Damit sich aber ihr Kinderwunsch erfüllen konnte, brauchten diese Paare einfach nur eine Puppe nach oben zu tragen, diese in ein darinstehendes Bett zu legen, eine Weile in Ruhe innezuhalten und ein kurzes Gebet ans Universum zu schicken. Der Legende nach wurden alle Wünsche erhört und innerhalb eines Jahres wurden die Frauen meist schon schwanger. Wir lasen diese Geschichte und waren uns einig, diese Kirche besuchen zu müssen. Es war zwar keine Puppe zur Hand, aber laut Legende genügte auch ein Stein, den sich die Paare mit Liebe aussuchten und dann nach oben mitnahmen, um ihn im Kloster an einem ausgesuchten Platz abzulegen.

Am nächsten Tag machten wir uns schon auf den Weg zum Kloster. Im Dorf, am Fuße des Berges, stellten wir unseren Wagen ab und bestiegen den Berg zum Kloster. Der Weg war mit tausenden kleinen Kieselsteinen gepflastert und führte durch Olivenhaine steil nach oben. Gleich am Anfang fanden wir einen Stein, der uns schon von weitem bat, ihn mitzunehmen. Oben angekommen betraten wir das Kloster, es war eine ärmliche Einrichtung, aber die Wände waren mit vielen Fotos von Säuglingen bestückt, von dankbaren Eltern, denen der Kinderwunsch erfüllt wurde. Wir sahen uns in Ruhe alles an, hielten inne und sprachen ein stilles Gebet. Als wir wieder auf dem Weg ins Tal waren, machte sich bei uns wieder Hoffnung breit. Wir genossen noch unseren restlichen Urlaub auf Rhodos und hatten bis zum letzten Tag immer das Kloster im Blick. Und was soll ich sagen? Wir waren im September auf der Insel und im Oktober des folgenden Jahres kam unser Sonnenschein Benjamin Tsambikos zur Welt.

Burnout oder der Großbrand in der Denkzentrale

Niemand denkt gerne an die Zeiten zurück, in der es einem nicht gut ging. Ich bin da nicht anders, doch es gehört eben zu meinem Leben dazu wie alles Schöne auch. Für mich war es das Schlimmste, was mir passieren konnte. Es war gerade die Zeit, wo Rex und ich noch nicht lange Eltern waren. Noch vor nicht allzu langer Zeit lebten wir frei wie der Wind und auf einmal wurde alles anders. Wir waren schon fünf Jahre verheiratet, als wir unseren ganzen Stolz Benni bekamen, ein süßer kleiner Fratz, der sich 19 Stunden lang bitten ließ, doch endlich mal das Licht der Welt zu erblicken. Wir waren beide sehr glücklich, als wir ihn endlich in Händen halten durften. Doch bei allem Glück dieser Erde begann hier das Ende meines starken und coolen Charakters. Schleichend traf mich der Tod meiner Stärke. Ich wollte am liebsten für meine junge kleine Familie da sein, denn ich war ja ein glücklicher und stolzer Vater und Ehemann. In Wirklichkeit hätte ich nie einen Grund gehabt, zu Tode betrübt zu sein. Wir waren alle gesund, hatten ein schönes Haus und eigentlich ein recht gutes Leben. Doch irgendwie veränderte sich alles in meinem Leben. Ein neues Familienmitglied war eingetroffen, Rex in Karenz und ich wollte eben als guter Vater meine beiden zu Hause unterstützen. Guter Plan, doch irgendwie war da ja noch was? Ach ja, es sollte doch auch jemand Geld verdienen! Ich für meinen Teil brauchte ja keins, aber alle anderen wollten immer eins von mir. Das nächste Problem, dass ich dann auch bald mal bekam, war der Ärger meines Verkaufsleiters, der ja auch irgendwie was verdienen wollte. Also war ich schon mal in der Zwickmühle, Familie oder Job? Natürlich war die Familie meine erste Wahl, um die ich mich besonders kümmern wollte.

Aber wie es eben so ist, ein Verdiener weniger, ein Mäulchen mehr zu stopfen, da konnte man zusehen, wie auf einmal das Ersparte zu Schulden wurde. Also musste mal was anderes gemacht werden. Ich sah wieder zu, mal ein bisschen mehr an den Job zu denken. Und schon ging es los! Meine Leichtigkeit des Seins mutierte zu einer immer tiefer werdenden Angst zu überleben. War ich zu Hause, litt mein Job darunter und es kam kaum was rein. Arbeitete ich zu viel und zu lange, hing zu Hause der Haussegen schief. Ich konnte zu dieser Zeit das Gleichgewicht zwischen Job und Familie einfach nicht finden. Dazu kam dann auch noch, dass mein Freund und Kollege zu dieser Zeit an einem Burnout erkrankte und ich eben als guter Freund seine Kunden nebenher auch noch beglückte, war ja selbstverständlich, er würde dasselbe auch für mich machen. Also Enderfolg: früh morgens ins Büro und spät abends wieder nach Hause. Plötzlich hörte ich von so mancher Seite den Ausspruch: „Mann, siehst du scheiße aus! Läufst du noch rund?“ Ich verstand die Menschen nicht mehr, was wollen die? Mir ging’s ja gut, dachte ich. Nun war noch ein Grund da, der meine Denkzentrale beschäftigte. Anscheinend verlor ich immer mehr den Bezug zur Realität. Ich konnte langsam keine Menschen mehr sehen. Komischerweise gingen mir zu dieser Zeit auch viele auf die Nerven und nach meinem Empfinden waren alle nur gereizt und wollten mir am Arsch gehen. Doch das waren nicht die anderen Menschen, das war schon meine schleichend beginnende Krankheit. Nachts hockte ich dann auch noch täglich vorm PC, ging ja locker, schlafen wurde ja schon seit jeher überbewertet. Als ich dann schon beinahe ein Jahr nachts kaum mehr als ein bis zwei Stunden schlief, war es dann so weit. Ich bemerkte endlich selber, dass mit mir etwas nicht stimmte. Eines Tages saß ich an meinem Bürotisch und starrte mit leerem Blick auf meinen Bildschirm. Was mach ich hier? Ich sah auf den dunklen Bildschirm und wusste nicht mehr, was ich tun wollte. Ich hatte Kopfschmerzen, mein Kopf war voll mit irgendwelchem Müll, zur selben Zeit verspürte ich eine tiefe Leere. Plötzlich brach ich in Tränen aus. Ich hatte keinen Grund, doch ich schluchzte und weinte bitterlich. Bis an diesem Tag konnte ich mich nicht erinnern, mal so geweint zu haben. Weder Schmerzen noch tiefe Trauer hatten mir Tränen in die Augen getrieben, maximal ein steifer Fahrtwind beim Moped fahren. Ich heulte wie ein Schlosshund und konnte mich nicht mehr beruhigen.

Nachdem ich mich doch halbwegs gefangen hatte, versuchte ich etwas zu arbeiten, doch ohne Erfolg. Mein Laptop war passwortgeschützt und ich konnte mich beim besten Willen nicht an mein Passwort erinnern. Die Leere in meinem Kopf machte mir ab jetzt große Angst. Ich konnte nicht mal etwas lesen. Wenn ich den Satz zu Ende gelesen hatte wusste ich am Ende beim Punkt nicht mehr, was in diesem Satz stand. War ja in meinem Job, der etwas mit denken und erklären zu tun hatte, nicht gerade förderlich. So ganz nebenbei wurde ich auch von schweren Depressionen und Suizidgedanken begleitet, unbegründet, aber sie waren da. Ich hatte ständig im Kopf, wie ich am besten und am schnellsten aus dem Leben scheiden konnte. Ich konnte nichts dagegen machen, die Gedanken waren immer da.

Das machte meiner Frau schwere Sorgen, denn sie wusste am Morgen nie, ob sie mich am Abend noch einmal lebend sehen würde. Rex konnte das nicht mehr mit ansehen und drängte mich dazu, endlich zum Arzt zu gehen, um mir Hilfe zu holen. Ja, ich war da auch so weit und machte mich auf den Weg. Als ich die Praxis betrat und mich gerade anmelden wollte, sah mich die Sprechstundenhilfe bestürzt an und bat mich nur mehr, mich zu setzen. Nach ein paar Minuten holte sie mich schon ins Sprechzimmer. Ich nahm Platz und wartete auf meinen Medizinmann. Als er aus dem anderen Sprechzimmer kam und mich sah, wie ich mit verweinten tiefroten Augen dasaß, sagte er nur mehr: „Is es jetzt soweit?" Er hatte es mir schon beim letzten Besuch vor einem halben Jahr gesagt, dass ich schon nah am Kollabieren war.

Ich war am Ende und konnte ihm kaum meinen Gefühlszustand erklären. Er brauchte auch keine weiteren Erklärungen, er meinte nur, dass er mir ein paar Medikamente verschreiben würde, die mir über die nächsten Tage helfen und mich etwas stabilisieren würden. Aber ich sollte mir dringend Hilfe bei einem Fachmann suchen. Der Doc schrieb mir einem Psychologen auf, der seiner Meinung nach der beste für mein Problem wäre. Es dauerte nicht lange, da bekam ich schon einen Termin beim Fachmann. Dieser hörte sich mal meine Geschichte an und verschrieb mir danach passende Medizin. Es waren, wie ich danach feststellte, ziemlich schwere Kaliber, die mir mein Überleben sichern sollten. Die nächsten Wochen und Monate verbrachte ich damit, täglich vier Pillen zu nehmen und wöchentlich bei meinem Psychologen Bericht zu erstatten. Diese Zeit war für mich schwer zu ertragen, es war nichts mehr so wie vor meiner Krankheit. Nichts, das ich zuvor mit Leidenschaft und Freude gemacht hatte, wollte oder konnte ich mehr machen. Früher las ich viel, war viel an der frischen Luft, machte Arbeiten, die zu Haus anfielen. Es bereitete mir alles Spass und ich machte alles gerne. Ab dem Zeitpunkt, wo ich überlastet war, ging nichts mehr. Es war alles beschwerlich und ich konnte mich für nichts mehr begeistern. Und einfach nur lesen? Wozu lesen, wenn ich am Satzende nicht mehr wusste, was in dem Satz stand. Ich verlor viele Freuden, es war eine trostlose und ermüdende Zeit. Das Einzige, was ab und an mal aufregend war, waren die Gedanken an den Tod. In regelmäßigen Abständen plagten mich Suizidgedanken, da ich keinen Sinn mehr im Leben sah. Jedes Mal, wenn ich unterwegs war, egal, ob mit Auto oder Moped, dachte ich daran, mich an der nächsten Kurve oder am nächsten Baum vom Leben zu verabschieden. Aber ich weiß nicht, wer da meine Lebensfäden in Händen hielt, dieser meinte wohl, dass für mich der Zeitpunkt, aus dem Leben zu scheiden, noch nicht gekommen sei. Aus heutiger Sicht bin ich froh, dass ich diese dunkle Zeit überlebt hatte.

Als ich irgendwann in einem lichten Moment mal den Sinn meiner Therapie hinterfragte, dachte ich mir, dass es mir ja ohnehin schon wieder gut gehe. Ich beschloss, nicht mehr zu meinem Therapeuten zu gehen, wozu denn auch? Ich saß eine Stunde bei ihm, erzählte ihm meine Erlebnisse und meinen Gemütszustand, er schrieb sie auf und zum Schluss gab er mir wieder ein Rezept für meine sauteuren Medikamente mit und das wars. Ich dachte, wozu noch so weitermachen, es war in meinen Augen ja schon sinnlos, es änderte sich ja auch nichts mehr und so schlecht fühlte ich mich ja nicht mehr. Während der Behandlungszeit versank ich meist in Selbstmitleid und zweifelte immer wieder an meinem Dasein. Jetzt nehm ich das ganze mal selber in die Hand, dachte ich, ging von nun an nicht mehr zum Psychologen und setzte auch von jetzt auf gleich meine Medikamente ab. Ich wollte mir mein restliches Leben nicht von Ärzten und Medikamenten bestimmen lassen. Ich würde ab sofort alles so machen, wie ich es für richtig hielt. Keine gute Idee, wie ich sah. Meine Welt war ab dem Zeitpunkt des Absatzes meiner Medikamente eine einzige Hochschaubahn. In einem Moment konnte ich mein Temperament kaum bremsen und im nächsten Augenblick war ich wieder zu Tode betrübt. Da sah ich erst, welchen Einfluss meine Medikamente auf mich hatten. Also begann ich sofort, sie wieder zu nehmen, und ganz langsam ließ ich sie ausschleichen. War gleich viel besser so. Mein Körper gewöhnte sich auch bald mal wieder an ein normales Leben. In den noch dünn gesäten lichten Momenten setzte ich mich mal hin und machte mir eine Liste: Was hat mich in die Scheiße reingeritten und was mach ich dagegen, dass ich da rauskomme und ich nie wieder in so eine Scheiße rein rutsche? Was mich reinritt, war ja schnell mal klar. Mein Wesen hatte viel Schuld dran und dazu kam auch noch der äußere Einfluss. Natürlich auch Zerrissenheit und Überforderung. Das Vater werden, die großen Veränderungen mit Jobwechsel, vielem Lernen, dem Schlafentzug, dem psychischen Stress, Familie und Job so gut wie möglich zu erledigen. Daneben auch manch schwierige Kunden und am schlimmsten war die jahrelange Schauspielerei. Ich wollte immer der coole, unverwundbare und unerschütterliche Opi sein, der immer gut drauf war, für jeden ein offenes Ohr hatte und das Leben führte, das sich viele andere Menschen gewünscht hätten. Leider war es eben manchmal anders, ich war genervt, traurig und konnte oft Menschen nicht ertragen. Doch dies zeigte ich so gut wie nie. Immer alles reinfressen, lächeln und so sein, wie es eben alle erwarten würden. Dann war da noch die Frage, wie komm ich aus dem Teufelskreis wieder raus und wie mache ich mein Leben wieder lebenswert? Ich begann langsam wieder mit Spaziergängen in der frischen Luft, setzte mich bei meiner Runde durch die Natur auf meine Lieblingsbank. Hier war es ruhig, kein Straßenlärm, keine Menschen, nur Ruhe, das Zwitschern der Vögel und das Läuten der Glocken der grasenden Kühe auf der Weide. Ich saß da und genoss die Ruhe. Am Anfang war auch das eine sehr schwere Übung für mich, denn als die Ruhe da war, begannen schlechte Gedanken mein Gehirn zu bearbeiten und wenn ich dann auch noch meine Augen schloss, spürte ich schwere Angst und Panikattacken. Mit einigen Tagen Übung und dem bewussten Steuern meiner Gedanken bekam ich mit der Zeit auch diese Probleme in den Griff. Ich konnte kaum glauben, dass die einfachsten Dinge im Leben so viel Zeit, Disziplin und Willen benötigen, um wieder halbwegs rund zu laufen. Als ich meine Gedanken endlich wieder ordnen konnte, suchte ich nach den passenden Lösungen für mein Problem. Zuallererst war mein Familienleben dran, das ja in der wichtigsten Zeit immer zu kurz kam. Wir machten wieder viel zusammen und ich kümmerte mich wieder vermehrt um meine beiden Liebsten.

Das zweite Problem war mein Job. Dieser ist ja führ mich als Gefühlsmensch und Friedliebenden absolut nicht der richtige Platz. Es war ein Job, der nur aus Druck und einigen Ärger für mich bestand. Am Jahresanfang wusstest du schon, was du bis zum Jahresende alles geschafft haben musstest. War dies geschafft, wurden deine Vorgaben für das nächste Jahr erhöht. Schafftest du dies nicht, wurde gemotzt und wenn's ein paar Jahre nicht so richtig lief, wurdest du fallen gelassen. Mit dem Druck konnte ich nie wirklich umgehen. Also beschloss ich mich selbstständig zu machen, denn der Job an sich machte mir ja Spaß. Mein nächstes Problem waren die nächtlichen Aktivitäten am Computer und der dadurch entstandene Schlafentzug. Ich versuchte diesen Blechtrottel so wenig wie möglich zu benützen und am Abend ohnehin drauf zu verzichten. Allein mit dem reichlichen Schlaf verbesserte sich mein Alltag schon wesentlich.

Das letzte auf meinem to-do-Zettel war dann noch der Umgang mit Menschen. Ich gewöhnte mir das ewige „Jasagen“ ab und versuchte, mich vorwiegend mit Menschen abzugeben, die mir auch guttun würden. Das allerwichtigste war aber, mich mehr um mich selbst zu kümmern und viel in meinen Körper reinzuhorchen. Ich hielt mich, soweit es ging, an meine eigenen Regeln und ich kann sagen, dass ich meine Krankheit so ziemlich in den Griff bekam.

Leider muss ich sagen, dass ich zwar seither ohne Medikamente lebensfähig bin, aber mein Leben nicht mehr so ist, wie es mal war. Ich bin nicht mehr so belastbar, falle auch manchmal schnell in tiefe schwarze Löcher. Ich bin auch viel sensibler als früher und leider manchmal auch schnell reizbar. Leider zeige ich auch viel mehr von meinen momentanen Gefühlen und das beunruhigt mich schon sehr. Der coole Hund ist verschwunden und das verletzliche kleine Kind kommt manchmal zum Vorschein.

Aber wichtig für mich ist, dass ich diese schwere Zeit überlebt habe und mein Umfeld wieder akzeptiere, wie es nun mal eben ist, und mich immer weniger darüber aufrege. Ich habe verstanden, dass ich mich selbst am meisten verletze, wenn ich mich über etwas oder jemanden aufrege.

Aus diesem Abschnitt meines Lebens hab ich wenigstens wieder etwas gelernt: Schau zuerst auf dich und deine Gesundheit, wenn's dir gut geht, geht's auch deinem Umfeld gut. Und das Leben ist und bleibt lebenswert. Natürlich brauchst du auch den Rückhalt deiner Familie, sie ist das wichtigste im Leben. Ich bin froh, eine solche kleine, aber feine Familie zu haben. Die beiden haben mein Leben gerettet, als sie mir zeigten, dass sie mich brauchen.

Benzinbruder im Tiefschlaf

Mein kleiner Thronfolger war schon was Besonderes. Er war immer ein süßer kleiner griechischer Racker. Dass Tsambi unser Kind ist, konnte noch nie jemand abstreiten. Er hatte von Geburt an große dunkle Augen, war immer schon ein hübscher Junge, hilfsbereit, gelehrig und stur, genau wie Regina. Er war immer schon eine Augenweide und jeder freute sich, wenn ihnen Benni sein einmaliges Lächeln schenkte. Aber dass er auch einiges von mir abbekommen hatte, konnte er auch nicht abstreiten.

Als er noch ein Säugling war, schlief er ganz selten auf normalem Weg ein. Oft mussten Rex oder ich mitten in der Nacht, weil er nicht schlafen wollte und dagegen nichts half, ins Auto springen und ein Stück fahren. Er liebte das sanfte Brummen des Motors und das Herumschaukeln in den Kurven. So nach drei bis vier Kilometern schlief er wie ein Stein und dabei hatte er immer ein Lächeln im Gesicht. Als er so ungefähr fünf Monate war, nahm ich ihn mit auf die Moto-Cross-Bahn nach Greinsfurth, weil ich mir gerne ein paar Rennklassen ansehen wollte. Zuerst dachte ich, es würde für ihn doch etwas zu laut sein, doch er verfolgte jedes Geräusch sehr aufmerksam. So nach einer halben Stunde mitten im Lärm, ich hatte Benni am Arm, bemerkte ich, dass der kleine Racker eingeschlafen war. Nun war es amtlich, er war mein Sohn. Beim ärgsten Krawall der Motorräder und dem intensiven Geschmack des Benzingemisches schlief er mit einem Lächeln ein und genoss den Tag an der Rennbahn.

Opi jr. wächst heran

Was ich sicher weiß, Tsambi ist ganz sicher mein Sohn. Er war von klein auf in alles verliebt, was Lärm machte und zwei Räder hatte. Er hatte vor nichts Angst und hatte sich deswegen auch schon als kleiner Mann manche Narbe eingefangen. Aber er war besonnen und konnte die Risiken meist gut abschätzen, war immer mutig, aber überschätzte nie das Risiko. Er hatte immer alles ohne großen Aufwand schnell kapiert. Als er so drei Jahre alt war, besorgten wir ihm ein süßes rosa Fahrrad, natürlich mit Stützrädern. Wir zeigten ihm am ersten Tag, wie dieses Teil zu bedienen war, und kurz darauf glühte er schon alleine auf unserem Vorplatz herum. Am nächsten Tag, als Regina in der Arbeit war, übten wir eine Weile, bis ich Benni vorschlug, dass wir die blöden Stützräder abmontieren sollten, denn genau die würden ihn bei einer anständigen Schräglage behindern. Sogleich hatten wir beide auch schon einen Gabelschlüssel in der Hand und schraubten schon die Stützen ab. Die ersten beiden Runden, die er dann gleich probierte, hielt ich ihn noch am Sattel fest, bis er schneller fuhr, als ich laufen konnte, und er ohne meine Hilfe alleine unterwegs war. Als er bemerkte, dass ich ihn nicht mehr verfolgte, blieb er stehen und lachte mir voller Stolz über seine ersten Meter ohne Hilfe entgegen.

Wir übten noch ein paar Mal und als Regina am Abend nach Hause kam, führte Benni voller Stolz sein neu Erlerntes vor. Regina konnte es nicht glauben, noch zwei Tage zuvor hatte er noch keine Ahnung gehabt, wie er mit so etwas überhaupt fahren sollte. Als seine Räder immer größer wurden, wurde auch seine Sucht nach Kunststückchen immer größer. Als er so 14 war, bekam er von meinem Schwager ein getuntes Gatschhupfer-Moped und von da an hatte er Benzin im Blut. Er glühte durch die Botanik, war von Anfang an begeistert vom Benzingeruch und begann auch bald seine Karriere als Schrauber. Er brachte sich alles selbst bei, was er als Mopedmechaniker benötigte. Er kramte in Google so lange, bis er alles fand, was er an Wissen brauchte. Auch das Talent als Zweiradfahrer hatte er von mir geerbt. Ich konnte ihn draufsetzen, wo ich wollte, Moped, 125er, 450er und auch meine 1100erter, er hatte jedes Zweirad sofort im Griff. Ach, wie war ich stolz auf ihn. Ich hoffe, er bleibt in meiner Spur, fährt besonnen, unfallfrei und hat ewigen Spaß auf dem Zweirad.

Der Beschützer der Menschheit

Es war wieder einmal Dezember, Zeit für die jährliche Weihnachtsfeier unseres Büros, die Heiko organisierte. Nun ja, Weihnachtsfeier trifft's nicht ganz, es war eher ein gemütliches Weihnachtsessen, beim „Wirt um's Eck", dem Wirten direkt neben unserem Büro. Es war gemütlich, spaßig und es wurde gut gegessen. Nach ein paar Fettspaltern dauerte es nicht mehr lange und wir verlagerten unser gemütliches Beisammensein auf die Amstettner Partymeile. Heiko, Andi und ich kosteten uns so durch den angebotenen Alkoholdschungel und je später es wurde, umso lustiger wurden die Gäste. Auf einmal, ich stand grad etwas weiter weg von meinen Kumpels und unterhielt mich mit einem Bekannten, als ich sah, wie Heiko mit einem mir unbekannten Knecht etwas angeregter diskutierte. Ich sah dem Gespräch eine Weile gespannt zu und als dieses dann etwas aus dem Ruder zu laufen schien, bewegte ich meinen kampferprobten Körper in eiligen Schritten auf die beiden zu. Ich war so auf den Fremden fixiert, dass ich kaum merkte, dass andere Gäste, die in meiner Einflugschneise standen, zur Seite spritzten. Als ich meine Zielperson erreichte, war Heiko für einen Moment kurz alleine, denn ich packte den Jungen im Ansturm, nahm ihn etwas grob zur Seite und las ihm in meiner sanften Natur seine Rechte vor. Er könne alles in seinem Leben machen, doch er dürfe sich nie an meinen Freunden vergreifen, den dies wäre die letzte Todsünde, die er in seinem Leben begehen würde. Er wollte sich ja irgendwie noch rechtfertigen, doch wer mich kennt, der weiß, wenn ich im Belehren bin, hat mein Gegenüber eine etwas längere Pause. Als ich dann ausreferiert hatte, ging ich zu Heiko und Andi zurück, um mal abzufragen, was den der Grund für das angeregte Gespräch war. Wie immer, wenn Alkohol im Spiel war, gings um Banalitäten und war nicht der Rede wert. Außerdem erklärte mir Heiko grinsend, dass er mit dem Kerl auch alleine fertig geworden wäre, ich hätte ihn ja nicht wirklich gleich so grob aus dem Gespräch reißen müssen. Auch Andi stand lachend da und beruhigte mich etwas, denn ich hatte den fremden Kerl immer noch im Blick. Dieser schien ja schon etwas mehr unterm Krönchen geladen zu haben, ich sah ihn, wie er sich zu ein paar Mädels an ihren Tisch quetschte, irgendwas dahin brabbelte und dabei auch einem der Mädels immer an den Arsch langte. Als diese Kleine mir einen Hilfe suchenden Blick zuwarf, gings mit mir auch schon wieder durch. Ich startete zu dem Jungen hin, schnappte ihn, brüllte ihn schlimm an, zerrte ihn vom Tisch, begleitete ihn noch bis zum Ausgang und entließ ihn mit Anlauf ins Dunkel der Nacht. Erleichtert, nach sinnvoll getaner Arbeit, schlenderte ich wieder zurück zu meinen Kumpels, die amüsiert meinem Treiben zusahen. Ich erklärte ihnen, warum ich das auf den Tod nicht ausstehen konnte, wenn jemand einen anderen Menschen nervt oder auch tätlich angreift.

„Sag mal, Opi, willst du sowas nicht für ein bisschen Taschengeld machen? Mein Onkel hat eine Securityfirma, der sucht immer zuverlässige Leute. Na wie wär's?“, fragte mich Andi.

Nach ein paar Einwänden meinerseits gab ich doch nach und meinte, wenn Not am Mann wäre, könne er sich ruhig an mich wenden.

Es verging nur wenig Zeit, wo ich gleich meinen ersten Einsatz hatte. Dieser stellte mich schon vor Beginn des Auftrags vor große Probleme: Ich musste mit schwarzem Anzug, weißem Hemd und Krawatte auftreten. Es war nämlich ein ziemlich nobler Abschlussball in der Amstettner Pölzhalle. Zum Glück kann ich ja nix wegwerfen und hatte zu Hause noch einen feinen Zwirn gefunden, ist ja nicht wirklich mein Style.

Der Abend meines ersten offiziellen Einsatzes kam näher und bevor es losging, wurden wir alle noch in unseren Aufgabenbereich eingewiesen. Zu Beginn war ich am Eingang abgestellt, um gesitteten Einlass zu gewähren und ungeladene Gäste wieder zu verabschieden. Ab Mitternacht waren wir abgestellt, um die Sicherheit der Gäste und der Akteure bei der Mitternachtseinlage zu gewährleisten. Danach, es war ja schon eher gegen Morgen, sah ich erst, zu welchen Sauereien die gepflegte Gesellschaft so in der Lage war. An jeder Ecke wurde gekotzt, die extra für diesen Abend aufgehübschten Damen krochen mit ihren sündteuren Ballkeidern über das schmutzige Parkett und führten sich auf wie eine wilde Horde aus der Steinzeit. Ich konnte kaum glauben, dass dies dieselben Menschen waren, die ich am Eingang gepflegt empfangen hatte. Und zu guter Letzt, als wir jeden Winkel noch auf versumpfte Feiernde absuchten, kamen wir auch in die Toilettenanlagen. Mal ganz davon abgesehen, dass die feinen Damen mehr Dreck hinterließen als die Jungmannen, bemerkten meine Kollegen und ich, dass sowohl am Damen- als auch auf dem Herrenklo sämtliche Schrauben der Waschbeckenarmaturen fehlten. Na sowas hatte ich ja noch nie gesehen.

Seit diesem Tag war ich von der sogenannten feinen Gesellschaft schwer enttäuscht.

Aber schon einige Zeit später versah ich meinen Secudienst schon an einem Ort, der eher zu mir passte. Ein Freund von Heiko, der arbeitete auch für eine Sicherheitsfirma, machte mir ein Angebot für die Wintermonate jedes Wochenende im „Roadhaus" zu arbeiten. Ich sagte zu, ich war zwar nicht mehr jung, aber ich brauchte das Geld. Es war ein wunderbarer Job, ich kam endlich wieder regelmäßig unter Menschen, musste zwar Kinder vor Dummheiten bewahren und für Ruhe sorgen, aber es war mal was anderes.

Als dann die Wintersaison Mitte April zu Ende war, ging es mit dem ersten Zeltfest der Saison in Kemmelbach weiter. Es war das erste Fest der Saison und alle waren geil drauf. dort abzufeiern. Im Roadhouse trafen wir uns mit anderen Secus zur Besprechung. Der Chef an diesem Tage war Mike, ein glatzköpfiger Henker, dem man anmerkte, dass er einer war, der nicht diskutierte. Er wies uns unsere Aufgaben zu und mahnte zur Vorsicht, denn bei diesem Fest waren seit Jahren viele Verrückte unterwegs. Mein Aufgabengebiet war der Eingang. Unterstützung der Veranstalter beim Eintritt, durchsuchen der mitgebrachten Taschen und Rucksäcke und natürlich auch die Abweisung nicht erwünschter und Entsorgung auffälliger Gäste. Wir waren für Freitag und Samstagnacht engagiert und es waren zwei stressige und harte Tage. Es waren jeden Tag so an die 2500 Gäste im Bierzelt und dabei natürlich jede Menge Krawallgeister. Schon kurz vor Mitternacht kamen die ersten aus dem Zelt geflogen und wurden des Platzes verwiesen. Manche verstanden die Worte „Verpiss dich,

Alter, und komm ja nicht mehr rein da!“, andere eben nicht, und gerade diese kamen meist in Bauchlandung ein zweites Mal aus dem Zelt und waren natürlich auch manchmal etwas ramponiert, aber das hatten sie sich selbst zuzuschreiben. Mit einigen, die nicht verstanden, warum sie rausflogen, musste ich noch ein informatives Gespräch führen und meist war dann deren Abend auf diesem Fest beendet. Nur an einen Einzigen erinnere ich mich, der absolut austickte, weil ich ihn nicht mehr rein ließ. Er randalierte wie besessen und beschädigte einige Teile in meinem Eingangsbereich. Als es mir dann reichte und ich ihn mit Anlauf auf die Straße beförderte, war dann endlich mal Ruhe, dachte ich. Einmal kam er danach nochmals in meinen Bereich, dabei traf er auf seinen Kontrahenten, der ihm den Festabend versaute. Er rannte schreiend direkt auf den Mann zu und im Lichtschein merkte ich, dass er in einer Hand einen verdächtigen Gegenstand hielt. Ich sprang auf den Typen zu, rang ihn zu Boden und kniete mich mit meinem Knie auf seine Hand wo ich einen Gegenstand vermutete. Als ich ihm an die Hand schlug, dass diese sich öffnete, sah ich ein Messer, mit dem er auf sein Gegenüber losgehen wollte. Ich nahm ihm dieses Teil ab, schrie in an, was er sich den dabei gedacht hatte, mit einem Messer auf jemanden loszugehen. Leider war ich zu dieser Zeit allein am Eingang und so entwischte mir der Verrückte und lief davon, während ich die Polizei verständigen wollte. Für mich war dann die Geschichte aber auch schon wieder erledigt. Etwa eine halbe Stunde später sah ich an der Straße, die so an die hundert Meter von mir weg vorbei lief, plötzlich Folgetonhorn und Blaulicht stehen bleiben. Nach kurzer Zeit noch ein Blaulicht und einige Menschen, die an der Straße herumrannten. Ich dachte schon an einen Unfall, als plötzlich zwei Gesetzeshüter aus der Dunkelheit auf mich zukamen. „Sag mal, was ist denn bei euch los? Da oben an der Straße haben die Rettungsleute einen stark blutenden Gast von euch gefunden, der behauptete, dass ihr ihn grundlos aus dem Bierzelt geschmissen und ihn dabei ziemlich verdroschen habt."

Ich war erstaunt und machte große Augen. Ich versicherte den Beamten, dass durch meinen Zugang kein einziger, der verprügelt aussah, vorbeikam. Geschweige denn einer, der stark blutete. Ich rief Mike zu mir und dieser bestätigte meine Aussage und meinte, dass bis auf ein paar kleinere Scharmützel alles ruhig sei. Darauf nahmen die Beamten Mike mit zum Rettungsauto, wo der Verletzte behandelt wurde. Nach einer Weile kam Mike wieder zu mir, schüttelte den Kopf und erzählte mir, dass der Verletzte der Verrückte war, den sie schon vor langer Zeit aus dem Zelt entfernt hatten. Es war auch genau der, der den anderen Gast vor mir abstechen wollte. Der Verrückte erzählte der Polizei, dass meine Securitykollegen ihn so wild verprügelt und ihn dann auf die Straße geworfen hätten. Was für ein Verrückter, dachte ich.

Es kam nach dem Fest auch zu einer Gerichtsverhandlung, wo aber meine Kollegen aus dem Zelt freigesprochen wurden, weil der Verrückte ja schon amtsbekannt war und er schon öfter solche Behauptungen aufgestellt hatte. Seit dieser Zeit hat der Junge bei den Veranstaltungen, wo ich am Eingang Dienst hatte, keinen Zutritt mehr.

Der alternde Biker

Ja, das waren Zeiten vor 40 Jahren. Es gab noch keine Helmpflicht, es war noch vieles erlaubt, wofür du heute vielleicht in den Knast müsstest. Mit achtzehn Jahren konntest du schon alle am Markt erhältlichen Bikes fahren, kontrolliert wurde selten, weil wenig Verkehr und Lautstärke? Schön war, was gefiel. Rohre wurden aufgebohrt oder überhaupt abgesägt und alles, was an Dämmmaterial darin war, wurde kurzerhand entfernt. Selten gab‘s Menschen, die sich durch einen Motorradfahrer gestört fühlten. Es wurde ohne Helm gefahren, denn irgendwie musste man ja auch seine lange Mähne nach der Pflege mal trocken kriegen. Man fuhr auch kaum mit Handschuhen, ja mei, sind halt die Hände mal a bissl blass um die Nägel und biegsam werden’s jo a wieder nach a paar Glühweinen oder bösartigen Tees. So nebenbei hatten wir auch kaum gute Motorradbekleidung, erstens wurde die schwer verdiente Kohle für andere Zwecke verwendet und zweitens gab‘s so etwas wie heute noch nicht wirklich. Damals gab‘s Jeans und Lederjacke, eben dem Stand entsprechend. War‘s mal etwas kühler, gab‘s lange Unterhosen und langärmliche Unterleibchen. Besser wurde es dann, als die Kriegeradjustierung „in“ wurde, die war dann wirklich auch kuschelig. Dazu gab‘s auch immer reichlich Sport und viel und schwer hackeln. Je doller die Sportart, umso besser und beim Job waren schwere Lasten ja eher gut für's Ego. Ja, das Leben war echt ein Knaller damals als Endteenie und Anfang-Twenties. Ein Leben im Paradies war nix dagegen. Schmerzen kannte ich nicht und Gejammer gab‘s auch nie.

Nun, ein paar Jahrzehnte, später sieht die Welt schon ein wenig anders aus. Du wachst früh morgens auf, siehst am Wecker, dass dir eigentlich noch an die zwei Stunden Schlaf vergönnt wären, doch du drehst dich von einer Schulter auf die andere. Keine der vier möglichen Körperseiten vergönnt dir noch zwei Stunden feinen Schlaf. Egal, auf welche Schulter du dich drehen willst, keine verträgt die Last deines etwas geschundenen Körpers. Wälzt du dich auf den Rücken, dauert es nicht lange, bis dir die Bandscheiben sagen, dass sie dir schweres Lasten und Football nie verziehen haben. Ok, dann versuchst du es mal in der Bauchlage. Mal davon abgesehen, dass hier die jahrelang angefressene Wampe auf deine Innereien drückt und du manchmal denkst, ersticken zu müssen, ist hier ein bisschen Schlaf ja noch am ehesten möglich. Aber zu früh gefreut, durch die Bauchlage sind die Knie länger durchgestreckt und wenn du dich doch mal wieder etwas zur Seite drehen und die Beine abwinkeln möchtest, ist es so, als ob du einen Ast zu knicken versuchen würdest. Nur mit sanfter Gewalt schaffst du es, die Knie abzuwinkeln. Sie bedanken sich dafür, dass du ihnen oftmalige Operationen zugemutet hast. Es lebe der Sport! Gerissene Bänder, Knorpel zerstört, Meniskus war ja da auch mal.

Endlich, es ist Zeit, kurz bevor der Wecker erwacht, quälst du dich aus dem Bett. Während du versuchst, in deine Loden zu kriechen, denkst du schon nach, wie du am besten unfallfrei die Treppe zur Küche schaffen könntest. Die ersten Schritte als aufrechter Mensch gestalten sich meist etwas mühsam, aber es wird ja wieder im Laufe des Tages. Doch am Morgen fühlst du dich doch sicherer, wenn du das Treppengeländer mit beiden Händen umklammerst. Es könnte ja sein, dass die Knie dem Druck doch noch nicht standhalten. Im Gegensatz zu früher überwiegt jetzt ja eher der Sicherheitsgedanke. An manchen Tagen schaffe ich es ohne Probleme, das Erdgeschoss zu erreichen und an vielen anderen Tagen gleite ich schmerzverzerrt das Geländer nach unten und bin froh, heil zu meinem Frühstück zu kommen. Übertrieben? NEIN!! Wehleidig? Ich glaube, eher nicht. Wenn ich meine Jugend so Revue passieren lasse, denke ich doch nicht, dass ich ein Weichei bin.

Es ist Wochenende und ich freue mich immer darauf, wenn meine Liebste und ich endlich wieder aufsatteln können. Früh am Morgen packen wir unsere Ration an Kaffee und Wasser für unsere Runde. Kurz vor der Abfahrt, es kommt immer drauf an, wie ich mich fühle, schnapp ich meist noch eine kleine Seractil, damit ich wenigstens ein paar Stunden mit weniger Schmerzen verbringen darf. Es beginnt schon beim Ausparken aus der Garage, wo ich mir nicht sicher bin, ob ich meine 240 Mopedkilos überhaupt heil vor das Garagentor bekomme. Endlich, meine Virago wartet unbeschadet in der Einfahrt. Nun steht einer wunderschönen Ausfahrt nix mehr im Wege. Jacke an, Nierengurt rumgemacht, Helm auf, Brillen auf und Handschuhe an. Mit langsamer Bewegung und leichtem Schmerzgestöhne schwinge ich meinen Huf über die Sitzbank und dann ist es auch geschafft, fertig zur Abfahrt.

Heut ist wieder so ein Tag, wo mir nicht mal meine Tablette hilft. Die Arthrose in meinen Fingern lässt mich kaum die Kupplung ziehen, doch ich genieße mit meiner Liebsten die wunderschöne Strecke. Wir fahren wie fast immer alleine, genießen die Gegend, den Tag und ich vergesse dabei fast die Schmerzen, die mir mit der Zeit auch meine Handgelenke bereiten. Ich denke, dass dies alles, Finger und Handgelenke, meiner unbeschwerten Jugend zu verdanken ist. Nach den ersten drei bis vier Stunden fangen dann auch meist meine Knie an zu rebellieren und die Pausen werden immer öfter und länger.

Wenn wir dann nach sechs bis sieben Stunden zu Hause eintreffen, versuche ich noch unfallfrei abzusteigen und rückwärts in der Garage einzuparken. Wenn ich dies geschafft habe, ist für mich die Welt in Ordnung und es kann endlich über den wunderschönen Ausflug am Bike geplaudert werden. Unser schönes Land und der Wind, der mir ja nun schon Jahrzehnte durch die Haare streicht, entschädigten mich für manche schlimme Qualen, die mich oft beim Biken heimsuchen. Es ist wirklich so, einem echten Biker sind Schmerzen egal, solange er aufs Bike rauf kommt und es bewegen kann. Ein Leben ohne Bike kann ich mir nicht vorstellen, ich fahre schon mein ganzes Leben. Das Moped hat mich durch die tiefsten Abgründe meines Lebens begleitet und hat mich zu der Liebe meines Lebens gebracht. Ohne Motorrad gibt es für mich kein Leben und kein Glück. Ich liebe es, Biker zu sein, und werde es auch bis zu meinem Tod bleiben.